Dexter Nieswiodek

Das kann ja heilig werden

Ein Greenhorn in der Gemeinde

SCM Hänssler

SCM

Stiftung Christliche Medien

Bestell-Nr. 394.896
ISBN 978-3-7751-4896-2

© Copyright der deutschen Ausgabe 2008 by SCM Hänssler
im SCM-Verlag GmbH & Co. KG · 71088 Holzgerlingen
Internet: www.scm-haenssler.de
E-Mail: info@scm-haenssler.de
Umschlaggestaltung und Illustrationen: Sebastian Reichardt
Satz: typoscript GmbH, Kirchentellinsfurt
Druck und Bindung: CPI – Ebner & Spiegel, Ulm
Printed in Germany

Die Bibelverse sind folgender Ausgabe entnommen:
Neues Leben. Die Bibel, © Copyright der deutschen Ausgabe
2002 und 2006 by SCM Hänssler, D-71087 Holzgerlingen.

Für Ellen,
die das Greenhorn aufs Pferd setzte

Inhalt

Sind wir nicht alle ein bisschen Christ? 7

Prolog – Nur die Besten überleben 9

Geschüttelt oder gerührt –
Glaubenscocktail zum Sonderpreis 14

Nicht viel, aber von Herzen 17

Der Evangelist auf dem Klo 21

Mir bitte einen Kelch Wein 25

Komm, lass uns gehen 29

»Nichts darf man« 33

Ich krieg dich schon noch 36

Es ist doch noch gar nicht Nacht 40

Welche Gaben hätten S' denn gern? 44

Lasst es uns ja gut machen 48

Der Mensch lebt nicht vom Brot allein 53

Danke für das leckere Essen 59

Was tun im Gottesdienst? 61

Für mich bitte noch einen Kaffee 64

Sie sind herzlich eingeladen 68

Mission: Impossible 71

»Isch abbe gar keine Auto« 76

Christliche Männer sind stark 80

»Invasion von der Wega« oder
»Alles voller Christen« 84

Hier gibt's ja gar keinen Weihrauch! 87

Fluche, David 91

Lies nur in Ruhe dein Buch	95
Das hat dir der Teufel gesagt	99
Für Christen bedingt geeignet	103
Die Speisung der Fünfzehn	107
Über den Autor	111

Sind wir nicht alle ein bisschen Christ?

Zu diesem Buch

Mitten in Europa wird niemand ernsthaft bestreiten, dass wir christliche Wurzeln haben. Unser Stadtbild ist mit geprägt von Kirchen unterschiedlichster Bauart und Ausrichtung, und sonntags läuten die Glocken, wie es sich gehört. Selbst hartnäckige Atheisten sagen: »Gott sei Dank«, wenn die Steuerprüfung ohne Ärger abläuft, und falls nicht, schwören sie vor Gericht: »So wahr mir Gott helfe.« Kirchen decken große Teile unseres sozialen Lebens ab und manche Leute gehen gar an Weihnachten in den Gottesdienst. Hape Kerkeling, der auf dem Jakobsweg pilgerte, hat ein Massenpilgern ausgelöst, sodass die Wege nach Santiago de Compostela sechsspurig ausgebaut werden müssten, selbst wenn dabei nicht immer klar ist, wer wen oder was auf dem Weg sucht oder findet. Und seitdem »wir Papst sind«, kommt man sich sowieso richtig fromm vor in Deutschland.

Aber sollte das schon alles gewesen sein?

Immer wieder hört man von Menschen, die den Glauben richtig ernst nehmen, die Bibel tatsächlich lesen und so leben wollen, wie Christus das gesagt hat. Und das nicht nur am Sonntag. Schlimmer noch: Es gibt ganze Gemeinden, die so leben wollen. In so einer bin ich gelandet. Da stehe ich jetzt, das Greenhorn, der Grünschnabel, der Anfänger, schaue mir die alten christlichen Hasen an, die seit ihrer Kindheit in der Gemeinde zu Hause sind, und staune: Skurril sind sie ja schon manchmal, die Christen, und mitunter auch etwas eigen.

Und während ich noch leise über die anderen spotte, ertappe ich mich immer öfter dabei, dass ich mich in der Bibel festlese, darüber nachdenke, warum ich zum Beispiel auf einer Leiter stehe und lauthals fluche, was ich früher ganz normal fand, warum ich unbedingt den ungläubigsten meiner Kollegen bekehren will, mit Todesverachtung eine Spende tätige, wie Luther ein Tintenfass nach dem Teufel schmeißen oder freiwillig das Gemeindeklo putzen und dabei missionieren will.

Und obwohl das in meiner Gemeinde so gar nicht hipp ist, hoffe ich im Stillen immer noch, dass ich dabei doch wenigstens ein klein bisschen heilig werde.

Natürlich habe ich mich bemüht, alles genauso niederzuschreiben, wie ich es erlebt habe, denn Christen sollen nicht falsch Zeugnis reden. Andererseits hat Gott mir die Gabe der Kreativität beschert, und überdies hört man ja immer wieder von Visionen.

Sollten Sie sich als evangelischer, katholischer, freikirchlicher oder ungläubiger Leser an der einen oder anderen Stelle wiedererkennen, könnte das durchaus beabsichtigt sein. Sollten Sie feststellen: Da fehlt aber noch was, dann freue ich mich über jede Anregung.

Dexter Nieswiodek, Heidenrod im März 2008

Teile des Buches erschienen als regelmäßige Kolumne in der Gemeindezeitung der Freien evangelischen Gemeinde Wiesbaden. Dort eroberte sich das »Greenhorn« innerhalb von drei Jahren einen kleinen Kultstatus und erreichte über unsere Missionare Japan, Tansania und Afghanistan.

Prolog –
Nur die Besten überleben

Zu den Annehmlichkeiten meiner neuen Gemeinde gehört ein traumhaftes Waldgrundstück am Rande der Stadt – die Rambacher Wiese. Wenn es draußen warm wird, trifft man sich dort sonntags, grillt, liegt in der Sonne, talkt small oder deep, liest ein Buch, die Jugendlichen spielen Fußball, die lieben Kleinen toben herum.

Zu den Unannehmlichkeiten unserer Gemeinde gehört, dass sich die Wiese nicht von selbst pflegt. Jedes Jahr am ersten Mai ist Tag der Arbeit, also »Wieseneinsatz.«

Christen tun diesen Dienst gemeinsam und natürlich gerne…

Sonntag, 18. April, 10:15 Uhr. Im Gottesdienst der Gemeinde wird der Arbeitseinsatz auf der Rambacher Wiese für den ersten Mai angekündigt. Der Einsatz ist freiwillig. Für Grillfeuer und Getränke wird gesorgt.

Mittwoch, 28. April, 18:30 Uhr. Einer unserer Teenager schlägt beim Abendessen vor, dass wir mit der ganzen Familie beim Wieseneinsatz mithelfen sollten. Ich bin stolz. Unsere Teenager. Nichts von »null Bock«, sondern »Einsatz für die Gemeinde«.

Meine Frau erinnert mich, dass sie am 1. Mai bei einem Seminar ist. Ich weiß zu diesem Zeitpunkt noch nicht, was auf mich zukommen wird. Aber ich bin Christ. Ich habe Vertrauen.

Freitag, 30. April, 19:00 Uhr. Der Teenager, der so eifrig für den Wieseneinsatz plädiert hat, verabschiedet sich für das Wochenende. Er fährt auf eine lange geplante Jugendveranstaltung. »Da kommen Christen aus ganz Deutschland. Da muss ich hin, ihr versteht das doch sicherlich!«

Ich verstehe. Es bleiben noch zwei Kinder und zwei weitere Teenager übrig. Das Fernsehen meldet Regen über Hessen. Meine Frau verabschiedet sich zur Fortbildung.

Samstag, 1. Mai, 6:00 Uhr morgens. Ich höre auf das Dach des Schlafzimmers Regen prasseln. Ich stelle den Wecker eine Stunde weiter und drehe mich auf die Seite.

6:15 Uhr. Die Zwillinge sind aufgewacht und toben im Bad herum. Ich drehe mich noch mal um und versuche zu schlafen.

6:25 Uhr. Ich stapfe wütend ins Kinderzimmer. Die Kinder weisen darauf hin, dass wir zum Wieseneinsatz wollen. Ich sage, dass es regnet.

7:00 Uhr. Ich bin sicher, dass der Wieseneinsatz ausfällt.

7:30 Uhr. Teenager Gina weckt mich mit dem Hinweis, dass wir zum Wieseneinsatz fahren wollten. Ich ziehe den Rollladen hoch und bitte sie hinauszuschauen. Sie ist sicher: Der Wieseneinsatz wird stattfinden. »Du glaubst doch nicht, dass Lutz sich von ein paar Regentropfen abhalten lässt.«

Lutz ist »der Macher« der Gemeinde. Kein Umzug, kein Fest ohne ihn – und kein Wieseneinsatz.

Wie so oft fehlt mir der rechte Glaube.

8:00 Uhr. Ich wecke vorsichtshalber ihren Bruder Björn. Er weist mich darauf hin, dass es regnet, und dreht sich zur Seite.

8:30 Uhr. Das Telefon klingelt. Ginas Freundin fragt, wo wir bleiben, es sei doch Wieseneinsatz. Ich weise auf das Wetter hin. Ginas Freundin meint, auf der Wiese würde es nur tröpfeln.

9:30 Uhr. Wir haben Grillsachen gepackt und fahren in Anoraks in Richtung Wiesbaden. Ich muss verrückt sein.

10:00 Uhr. Ankunft auf der Rambacher Wiese. Das leichte Tröpfeln entpuppt sich bei näherem Hinsehen als englischer Landregen.

10:15 Uhr. Wir haben die Grillsachen im Auto gelassen und waten durch Rinnsale in Richtung Wiese.

10:30 Uhr. Lutz hat uns zur Arbeit eingeteilt. Als ehemaligem Schreiner fällt mir die Aufgabe zu, mit Martin eine Gartentür in den neu gesetzten Zaun zum Nachbarn einzubauen. Björn füllt die Löcher in der Wiese, die die Wildschweine den Winter über aufgerissen haben.

10:45 Uhr. Meine Regenjacke erweist sich als untauglich und klebt an der Haut. Wir haben den Akkuschrauber in einen Müllsack gewickelt, damit die Technik nicht nass wird. Der Lehmboden ist aufgeweicht und klebt an den Schuhen.

11:00 Uhr. Durch den klebrigen Lehm an den Schuhen ist meine Körpergröße erheblich gestiegen. Die Angeln der Gartentür sind vorbereitet. Martin übergibt mir die Bohrmaschine, weil ich als Schreiner die größere Erfahrung habe.

11:05 Uhr. Ich habe den ersten Bohrer abgebrochen.

11:20 Uhr. Der Regen hat sich gesteigert. Ich frage Martin, ob in der Bibel etwas von einer zweiten Sintflut steht.

11:30 Uhr. Ich frage Lutz, ob der Wieseneinsatz bei dem Regen wirklich sinnvoll ist.

11:35 Uhr. Lutz hat reagiert und an die Gemeindemitglieder Schwimmwesten ausgeteilt.

11:40 Uhr. Ich habe den zweiten Bohrer abgebrochen. Martin fragt mich, ob ich wirklich mal Schreiner gelernt habe.

11:45 Uhr. Mitglieder der Gemeindeleitung haben begonnen, ein Grillfeuer anzufachen.

12:00 Uhr. Björn verlässt den Platz, um unser Grillfleisch aus dem Auto zu holen.

12:30 Uhr. Björn ist verschollen. Ich hole meine Signalpistole und begebe mich auf die Suche.

12:40 Uhr. Ich finde Björn zwischen Wiese und Parkplatz. Er hat die Tasche zwischenzeitlich aufgegeben und dafür ein herrenlos treibendes Schlauchboot geborgen.

12:50 Uhr. Mit klammen Fingern versuchen verzweifelte Gemeindemitglieder, Würstchen auf den Grill zu legen.

13:00 Uhr. Die Gemeindewiese steht knietief unter Wasser. Mit dem Fernglas orte ich hartnäckige Brüder und Schwestern, die mit schwerem Gerät eine Brücke bauen. Nein, es ist ein Schutzzaun zum Nachbarn. Ich habe ein schlechtes Gewissen, wage mich aber nicht in die Fluten, um zu helfen.

13:20 Uhr. Ich erlebe zum ersten Mal im Leben, wie es sich anfühlt, Grillwürstchen unter der Dusche zu essen.

13:30 Uhr. Die Mitglieder des Kindergottesdienstes bieten Schwimmkurse für die Kleinsten an.

13:50 Uhr. Ich schlage den Bau einer zweiten Arche vor. Lutz meint, das könne nur Gott entscheiden, aber wenn ich mich langweilen würde, hätte er noch Arbeit für mich …

14:30 Uhr. Ich telefoniere übers Handy mit meiner Frau und erkläre ihr die Lage. Meine Frau fragt, was ich getrunken habe.

14:40 Uhr. Eine Gruppe von Gemeindemitgliedern diskutiert, ob es christlich sei, auf der Wiese gefundenes Strandgut zu behalten. Lutz möchte sein Werkzeug zurückhaben.

15:00 Uhr. Ich konnte alle Kinder bergen. Wir schwimmen zum Auto zurück.

17:00 Uhr. Die Zwillinge sitzen in der heißen Badewanne, eine Maschine mit Schmutzwäsche gurgelt im Waschraum. Ich sitze vorm Haus und spritze mit dem Gartenschlauch den Schlamm von zehn Schuhen.

19:20 Uhr. Meine Frau ist nach Hause gekommen. Die ganze Familie schwärmt vom Wieseneinsatz.

Sonntag drauf, **10:00 Uhr.** Ich nagle ein Manifest an die Gemeindetüren: »Achtung! Angebot: Auch für Nichtgemeindemitglieder. Der nächste Wieseneinsatz findet am 1. Mai nächsten Jahres statt. Interessierte können die Teilnahme gegen eine geringe Gebühr unter www.überlebenstraining.de buchen. Es sind nur noch wenige Plätze frei.«

Geschüttelt oder gerührt – Glaubenscocktail zum Sonderpreis

Ich will hier über nichts und niemanden lästern. Ich habe einfach nur Mitleid mit Pfarrern, die ihre Predigt, wie schon selbst erlebt, in einer ungeheizten Kirche vor drei älteren Damen, ergänzt von zwei Konfirmanden, halten müssen. Und ich bin heilfroh, dass ich in einer Gemeinde gelandet bin, die lebendig ist, mit Jungen und Alten, mit Predigten, die mich ansprechen, mit Kindergottesdienst, Musik, Theater und einem Gemeindeleben, das nicht an der Kirchenschwelle endet. Ich habe das in einer evangelischen Freikirche gefunden. Aber ich weiß, dass es auch viele andere christliche Gemeinden gibt, die ihren Glauben mit ganzem Herzen leben.

Manchmal denke ich jedoch: Warum musste ich so lange suchen, ohne zu wissen, dass es das alles gibt?

Obwohl überall vor christlichen Fundamentalisten gewarnt wird, kann ich nicht behaupten, dass ich gewaltsam zum Christentum bekehrt worden wäre. Über die Jahre haben Gläubige verschiedenster Religionen an meine Türe geklopft und versucht, mich anzuwerben. Normale Christen jedoch waren nicht dabei.

Dutzende Zeugen Jehovas haben Berge von bunten Broschüren bei mir gelassen, Stunden ohne jede Annäherung wurden verdiskutiert. Buddhisten haben mit mir meditiert, bis beide Beine eingeschlafen und der Rücken verbogen waren. Einer, der sich für einen Taoisten hielt und später Jünger um sich scharte, hat derart penetrant vom Frieden gesprochen, dass wir uns fast geprügelt hätten. Esoteriker haben literweise Duftlampenöl verfeuert, Steine energetisch voll gepumpt, mich mit sphärischen Klängen berieselt, mir die Karten gelegt und die Zukunft vorausgesagt.

Ich habe mir alles höflich angehört und -gesehen, fand vieles ganz toll, habe jeweils zwanzig Gramm eingesäckelt, zu den bereits vorhandenen Ansichten gerührt, mich bedankt, und dann genau an das geglaubt, was mir in den Kram passte.

Das hatte zwar mit Glauben nichts zu tun und mit der Realität schon gar nicht, war dafür aber ungeheuer praktisch. Da mein Schatz an gesammeltem Halbglauben recht groß war, hatte ich selbst auf schlimmste Katastrophen, insbesondere wenn ich sie selbst verursacht hatte, immer die passende Sinndeutung und war jederzeit bereit, diese zu dozieren.

Von einem klugen Menschen hörte ich dann den Satz: »Bevor du Antworten gibst, solltest du erst mal Fragen stellen.« Nicht, dass ich gemeint gewesen wäre. Dennoch fühlte ich mich irgendwie angesprochen. Erst mal Fragen stellen. Als ich meine spätere Frau kennenlernte, stellte ich solche. »Wie kann ein vernünftiger Mensch freiwillig am Sonntagmorgen aufstehen, sich eine Predigt anhören, fromme Lieder singen und dabei noch fröhlich gucken? Mich schüttelt's ja schon bei dem Gedanken. Das ist abartig!«

»Schau's dir an oder lass es bleiben, mir ist es wichtig!«, sagte sie. Mir war SIE wichtig, also schaute ich mir auch mal ihre Gemeinde an, vorsichtig, wie beim Besuch eines Minenfeldes, denn ich wollte mich weder langweilen noch verkaufstechnisch bekehren lassen. Beides passierte nicht. Also blieb ich und heiratete überdies die Frau.

Eine andere junge, durchaus attraktive Frau aus unserer Gemeinde hat ihren Installateur während der Reparatur eines Rohrbruchs in ein Gespräch über den Glauben verwickelt und dann in die Gemeinde eingeladen. Er kam.

Er blieb. Sie heiratete jemand ganz anderen. Ist das nun unlauterer Wettbewerb?

Und vor allem: Was machen Menschen, die nicht gläubig sind und keinen attraktiven Christen kennenlernen? Wie sollen die nun Christus kennenlernen? Aus eigener Erfahrung weiß ich, dass Gott selbst mehrfach anklopft. Man macht nur mitunter nicht auf. Schade!

Meinen alten Glaubenscocktail habe ich inzwischen in den Ausguss gekippt und fühle mich dabei durchaus wohl. Manchmal ertappe ich mich sogar dabei, dass mir den ganzen Tag etwas fehlt, wenn ich sonntags, um auszuschlafen, einmal nicht in der Gemeinde bin.

Nicht viel,
aber von Herzen

Alle Freikirchen finanzieren sich nach angelsächsischem Vorbild nicht durch Steuern, sondern durch Spenden. Es funktioniert erstaunlich gut, und das Gejammer über die Kirchensteuer und darüber, »was die denn überhaupt damit machen«, kennt man bei uns nicht, weil alle wissen, was damit gemacht wird. Dafür gibt es den Zehnten.[1] Ja, zehn Prozent! Schwere Übung für Menschen wie mich.

Die Katholiken haben zum Glauben einiges Beiwerk. Da gibt es Hostien, Heilige und Wallfahrten und natürlich Rom. Seit ich meiner Frau etwas von meinem alten Traum erzählt habe, zu Fuß nach Santiago de Compostela zu pilgern, bekomme ich immer wieder untergejubelt, sie sei nicht sicher, ob ich nicht doch im Herzen ein versteckter Katholik sei. Das wäre ja an sich nicht schlimm. Ich aber zucke dann zusammen und bekenne ganz eindeutig die Zugehörigkeit zu meiner Gemeinde. Im stillen Kämmerchen aber bohrt es in mir. Die Katholiken haben nämlich zwei tolle Dinge: Erstens niedrige Kirchensteuern und zweitens die Beichte. Was haben die aber miteinander zu tun? Über beides rede ich nur heimlich unter vier Augen oder schreibe halt in einem Buch darüber. Zum einen: Ich sympathisiere allen Vorbehalten zum Trotz mit dem Prinzip der Beichte und, was noch schlimmer ist, deshalb beichte ich es jetzt: Ich bin geizig! Schrecklich geizig! Mit den gesammelten Mikroampere Gedankenstrom, die ich über das Thema Gemein-

---

[1] Lt. Bibel soll der »Zehnte«, also der zehnte Teil des Einkommens, an Gott (zurück)gegeben werden. Siehe z.B. Maleachi 3,10 oder 1. Mose 14,20.

debeiträge verdacht habe, könnte ich eine norddeutsche Kleinstadt beleuchten.

Ich erinnere mich gut daran, als ich noch nicht Mitglied meiner jetzigen Gemeinde war: Der Pastor hielt an Silvester eine Predigt über das Geben, wie wichtig es sei, gerne zu geben, freiwillig zu geben. Damit bezweckte er gar nichts, denn die Kollekte war schon längst eingesammelt worden.

Ich aber fühlte mich berufen. Mit Tränen in den Augen gab ich meinem Herzen einen Ruck, stellte einen Scheck aus und drückte ihn nach der Predigt dem Pastor in die Hand. Für irgendetwas Soziales in der Gemeinde. Er wisse doch am besten, wo Hilfe am nötigsten sei. Dieser freute sich, aber irgendwie hatte ich wohl gedacht, er würde ehrfurchtsvoll auf die Knie sinken vor Dankbarkeit. Nichts dergleichen. Wie ich schon sagte, ich habe einen Hang zur Sparsamkeit: Von dem Geld hätte ich fünfundzwanzig T-Shirts kaufen können. Aber halt nur bei ALDI im Sonderangebot.

Da fiel mir wieder ein, dass die Gemeinde durch Spenden und nicht durch Steuern finanziert wird. Gemeindehaus, zwei Pastoren, Kinderarbeit, eine Jugendreferentin... Hmm, dachte ich, dann sind die wohl alle doch etwas großzügiger als ich.

Dann las ich in einem Buch etwas über den Zehnten. Ich glaube, es war die Bibel. Zehn Prozent für die Armen und die Gemeinde. »Das ist aber viel Geld«, rechnete ich schnell nach, »und das, wo ich mich doch so furchtbar ungern davon trenne.« Schwerer Lernprozess. Im Stillen wünschte ich mir einen Kurs nach dem Motto: Wir tasten uns an den Zehnten heran: Erster Sonntag ein Hemdenknopf, zweiter Sonntag ein Hosenknopf. Dann denken wir eine Woche darüber nach, was ein Hosenträger kostet. Den Sonntag darauf nehmen wir das restliche Kleingeld aus dem Portemonnaie. Das klingelt gut vor dem Nachbarn und tut noch nicht weh.

Dann einen ganzen Euro und jetzt die Schallgrenze ... zwei Euro. Na bitte, es geht doch. So viel hat die Landeskirche von mir in zwanzig Jahren nicht auf einmal gesehen.

Dann kam der Tag, als das Kleingeldfach leer war. Schockschwerenot. Nur noch Scheine. »Für die Jugendarbeit.« Der Kollektenbeutel rückte unaufhaltsam näher. Augen zu. Fünf Euro. Boaaaa. Es knistert so schön im Kollektenkorb. Ich habe es überlebt. Und siehe, die Familie braucht trotzdem nicht zu hungern.

Dann kam die wundersame Wandlung: Das Geben fing an, manchmal sogar Spaß zu machen. Nicht nur in der Gemeinde. Der Bettler an der Ecke freute sich über den ausgegebenen Kaffee und die Bedienung hatte wirklich einen Grund, sich für das Trinkgeld zu bedanken. In Ratgebern, die an Wirtschaftsfachkräfte gerichtet sind, las ich: »Leute, gebt gerne, gebt großzügig. Ihr fühlt euch besser und ihr stoßt damit etwas an und werdet erleben, dass mehr Geld reinkommt, als ihr ausgebt.« Waren da Christen am Werk?

Es hat trotzdem noch Monate gedauert, bis ich den Dauerauftrag für meinen Gemeindebeitrag einrichtete. Niemand drängte oder kontrollierte mich. Trotzdem: Die ersten Kontoauszüge waren noch tränenverschmiert. Es war eine harte Zeit. Aber das Merkwürdige war: Je leichter das Geld aus meiner Hand ging, desto leichter fiel es Gott, meine Kasse wieder zu füllen: Ein unerwarteter Zuschuss vom Arbeitgeber. Ein übersehener Preisnachlass beim Einkauf ...

Es wird wohl noch Jahre dauern, bis mir das Geben so richtig echt, so ohne Nachdenken leichtfällt, und doch tut mir diese Übung gut.

Einen Rückfall erlitt ich, als ich in einem christlichen Seminar in Cuxhaven weilte und für die Ausbildung eines jungen Mannes aus Ghana gesammelt wurde. Der Referent sagte noch: Leute, der Junge braucht es wirklich. Gebt von Herzen. Also: Portemonnaie auf: zwanzig Euro. Wieder eine Schallgrenze. Der Student neben mir, der, wie ich wusste, für das Seminar richtig sparen musste, legte fünfzig Euro in die Kasse. Ich hatte das Seminar geschenkt bekommen. Mein Gewissen schlich sich an mir vorbei und ließ mich allein im Saal. »Oh, du elender Geizhals!«, schalt ich mich. Während der Dämon mit dem Dreizack noch auf mir herumsprang und motzte, dass es ja nicht einmal eine Spendenquittung gebe, ging ich vor und legte noch einmal nach. Meine Seele freute sich, der Dämon verschwand unverrichteter Dinge.

Ich weiß nicht, ob Gott gelächelt oder den Kopf über mich geschüttelt hat, aber wenn es stimmt, dass er sich über einen reuigen Sünder mehr freut als über zehn Gerechte, dann hatte er an diesem Tag viel Freude an mir.

Der Evangelist
auf dem Klo

Die Mitgliedschaft in einer freikirchlichen Gemeinde könnte so schön sein. Lebendiger Glaube, Gemeinschaft, liebe Menschen... Wenn nur diese lausige Geschichte mit dem Putzen nicht wäre.

Schon lange, bevor ich Christ wurde, träumte ich davon, mal richtig predigen zu dürfen; vor Menschen, die mir wirklich zuhören. Seit ich das Buch über den Evangelist Billy Graham geschenkt bekam, hat es mich endgültig gepackt. In jeder freien Minute verstecke ich mich im Wohnzimmersessel und lese... und träume. Gedankenfetzen ziehen vorbei: Fünfzigtausend Menschen in einem Fußballstadion kommen zur Predigt. Und sie kommen freiwillig. Als ich auf einer Weihnachtsfeier im Seniorenheim die Andacht hielt, waren da achtzig... und die konnten nicht weglaufen. Die Evangelisten... So müsste man reden können. Menschen für Gott begeistern. Großevangelisation. Ich habe mal ein Bild davon gesehen. Ein Menschenteppich bis zum Horizont. Alle waren gekommen, um etwas über Jesus zu hören. Als ich neulich dem Kollegen erzählte, warum ich an Jesus glaube, was habe ich da rumgestottert und hinterher gebetet: Lass es mich doch lernen, wie man Menschen für dich begeistert.

Aber was bin ich müde heute. Die Gedanken verschwimmen...

Billy Graham kommt auf mich zu. Er reicht mir die Hand. »Dexter«, sagt er. »Du weißt ja, ich werde älter. Doch bevor ich mich zurückziehe, will ich dir noch sagen, wie man Menschen für den Glauben gewinnt, damit du einmal so wie ich...« Meine Ohren öffnen sich erwartungsvoll.

»Schatz«, werde ich aus meinen Träumen gerissen. »Hast du daran gedacht, dass wir morgen in die Gemeinde zum Putzen müssen?«

»Oh, nein. Nicht schon wieder.«

»Doooch, du hast den Termin selbst ausgewählt.«

»Wäre ich nur in meiner alten Kirche geblieben. Da hab ich auch Kaffee nach dem Gottesdienst bekommen, und nie, niemals musste ich dort ein Klo putzen.«

»In deiner alten Kirche gab's bestimmt gar kein Klo.«

Ich zücke mein Portemonnaie. »Ich habe hier doch die Karte vom Gabenseminar[2]«, sage ich und reiche meiner Frau souverän das kleine Kärtchen, das ich immer bei mir trage. »Schau selbst: Hier steht bei meinen Gaben: *Mission* und *Lehren* und bei den latenten Gaben: *Evangelisation*! Da steht nichts von hauswirtschaftlichen Gaben. Oder siehst du da irgendetwas?«

Meine Frau dreht die Karte um: »Hast du gesehen, da stehen auch Stärken und Schwächen. Dachte ich mir's doch: *Engagement* steht bei dir bei den Schwächen.«

»Ja, ist ja gut. Ich weiß schon: Tragt die Lasten gemeinsam!«, murre ich.

»Nee«, meint meine Frau. »Eher: Alles, was ihr tut, tut im Namen des Herrn.«

Als wir am nächsten Tag in die Gemeinde kommen, fällt im Putzraum mein erster Blick auf die Kärtchen »Erledigt/unerledigt«. Ich hab's gewusst. Wir sind wieder zu spät. Mist! Die anderen sind mir zuvorgekommen.

»O. K.«, rufe ich. »Mach du die Kinderräume – ich mach die Toiletten. Ich muss Buße tun für meine Worte von gestern.« Meine Großherzigkeit überrascht mich selbst immer wieder.

---

2 In manchen Gemeinden werden sog. »Gabenseminare« angeboten. Sie dienen dazu, herauszufinden, welche besonderen Fähigkeiten und Begabungen der Einzelne hat, und können für die Mitarbeit in der Gemeinde genauso sinnvoll sein wie für die persönliche Weiterentwicklung und auch für die Berufswahl.

Meine Frau schüttelt den Kopf: »Du, es gibt Kirchen, die suchen noch Märtyrer. Vielleicht solltest du dich bewerben.«

Ich fühle mich ausgesprochen unverstanden.

Mit dem Putzwagen stehe ich vor den weiß gekachelten Räumen. »All euer Tun geschehe für den Herrn«, geht es mir durch den Kopf.

Das Beste ist das Schild, mit dem man alle Besucher fernhält: »Frisch geputzt! Bitte draußen bleiben!« Wenigstens habe ich meine Ruhe. Ich schrubbe so vor mich hin und stelle fest: Es ist die erste Stunde in dieser Woche, in der ich etwas tun kann, ohne gestört zu werden. (Während ich diese Geschichte schrieb, wurde ich zwölf Mal unterbrochen.) Auf einer Toilette hat man seinen Frieden. Selbst beim Putzen. Wieder gehen mir Gedanken durch den Kopf. Neulich las ich einen Artikel über eine Frau, die immer zum Beten aufs Klo geht, weil sie da ihre Ruhe hat. In einem Gegenartikel wurde argumentiert, dass es Gottes nicht würdig sei, auf dem Klo zu beten. Wenn ich nun, philosophiere ich, Gott hier an diesem Ort fragen würde, wie er das sieht, hätte ich ein klassisches Paradoxon.

Aber ich bekomme noch andere brauchbare Ideen beim Putzen. Da fällt mir noch was ein für den Gemeindebrief. Und die gelben Kachelstreifen finde ich super. Die werde ich am Montag in der Firma für den geplanten Neubau anregen. Und eine schöne Einleitung für eine Andacht habe ich jetzt auch schon, falls ich jemals vor mehr als achtzig Senioren bei der Weihnachtsfeier über die Gute Nachricht reden darf.

»Ja, Jesus, ich weiß«, seufze ich, auf den Schrubber aufgestützt. »Dazu muss ich noch soooo viel lernen, was mit Reden gar nichts zu tun hat.«

»Ja, zum Beispiel, wie man ordentlich eine Toilette putzt.« Meine Frau steht plötzlich grinsend an der Tür: »Da ist nämlich noch ein Fleck.«

Mir bitte
einen Kelch Wein

Katholiken und Protestanten sind sich seit jeher uneins über die tiefere Bedeutung des Abendmahls. Und wenn die Basis beider Lager so weit geht, gemeinsam feiern zu wollen, kann das richtig zu Stress führen.

Bei uns in der Gemeinde muss man an Christus glauben, wenn man am Abendmahl teilnimmt, oder man gibt den Kelch halt weiter. Da sind wir eigen. Insgesamt aber geht es feierlich und fröhlich zu. Da spricht man sich gegenseitig den Segen zu, und auf Wunsch werden sogar Einzelkelche gereicht. Das klingt harmlos, aber es birgt seine Tücken.

Ich weiß auch nicht. Immer, wenn wir Abendmahl feiern, passiert was. Früher war das alles viel leichter. Ab und zu mal in die Kirche. Beim Abendmahl vor zum Pfarrer. Mund auf. Oblate rein. Und dann meditativ versucht, sie mit der Zunge vom Gaumen zu pulen. Keine tief gehenden Gedanken, keine Verantwortung. Das waren noch Zeiten.

Aber jetzt... Das fing schon an, als ich ganz frisch in der Gemeinde war.

Während ich noch am Überlegen bin, ob ich nun teilnehmen darf oder nicht, kommt der Teller mit dem geweihten Brot durch die Sitzreihe auf mich zu. Ich bin, wie so oft, viel zu sehr mit mir selbst beschäftigt, als die Nachbarin mir das Brot reicht und mir einen Segen zuspricht. So kenne ich das aber nicht. Ich bin perplex. Außerdem muss ich über den Segen nachdenken. Das allerdings so intensiv, dass ich das Brot festhalte, bis ich von der anderen Seite angestoßen werde. »Oh, ja, Entschuldigung.« Ein erleichtertes Seufzen geht durch die Reihen.

Später, nach meiner Taufe, bin ich schon erfahrener und genieße überdies die Gemeinschaft, wenn der Kelch nicht nur stumm weitergereicht wird. Aber die Dinge haben ihre Klippen. Das Brot ist schon vorbei. Der Kelch wird noch kommen. Heute werde auch ich einen Segenswunsch weitergeben. Premiere. An sich bin ich nicht auf den Mund gefallen, aber jetzt habe ich richtig Lampenfieber. Was sage ich am besten? Der Kelch ist noch drei Menschen vor mir, noch zwei, dann bei meinem Nachbarn. Ich ergreife den Kelch und drehe mich ruckartig zur Nachbarin rechts von mir »Gott ist bei dir«, sprudelt es aus mir heraus. Die Worte kamen einfach so. Und, gottlob, ich habe mich nicht verhaspelt. Nur habe ich selbst vergessen zu trinken. Der Kelch ist an mir vorübergegangen.

Inzwischen habe ich gelernt, Segen zuzusprechen und mich trotzdem auf das Abendmahl zu konzentrieren. Allerdings darf ich nicht mit meiner Frau zwischen den Einzelkelchen sitzen. Das geht nicht gut. Vom Grundsatz her ist das ja toll. Wer nicht mit allen aus dem großen Kelch trinken mag, bekommt einen Einzelkelch. Was habe ich mir früher Gedanken gemacht über den Gemeinschaftskelch. Ob Gott die Bakterien besonders fernhält? Oder soll die ganze Gemeinde was von der Grippewelle haben? Nun, ich habe bisher keinen Schnupfen durch das Abendmahl bekommen. Gott wird also doch über den Kelch wachen. Oder das mit dem Drehen und Wischen funktioniert doch. Aber mit den Einzelkelchen ... Zwei Leute reichen die Kelche auf kleinen Tablettchen in die Reihen. Einer rechts, einer links. Nur: Was ist das für ein System? Die erste und die dritte Reihe oder die Erste und die Vierte? Nein, da gibt es keinen Plan. Ich bin sicher. Aber sie werden doch wohl dafür sorgen, dass alle etwas bekommen. Oder? Es gibt Menschen in diesen Reihen, denen das nötige Vertrauen fehlt. Die unsicher den Tabletts mit den Einzelkelchen hinterhergucken. Irgendwann ist meiner Frau das aufgefallen, und nun muss ich jedes Mal kichern, wenn sich jemand den Hals verrenkt. WIR sind natürlich ganz gelassen. Weil wir wissen, dass der Kelch kommt. Bis auf heute ... Tatsächlich. Sie haben unsere Reihe vergessen. Meine Frau hebt vorsichtig den Finger. »Pssst«, winkt sie nach hinten. Wenn sie jetzt sagt: »Zwei Wein bitte«, breche ich zusammen. Die Frau, die die Einzelkelche verteilt, kommt zurück und flüstert leise: »Keine Angst, ich wäre schon gekommen.« Ich muss wieder kichern. In Zukunft sollten wir die Einzelkelchreihen meiden, damit Gott wieder im Mittelpunkt steht.

Doch wir sind wieder hier hereingeraten. Allerdings ist heute etwas anders. Die Predigt des Pastors geht mir durch den Kopf, und einige seiner Worte pochen von innen an meine Schläfen. Verantwortung! Als wenn er jedes Wort nur für mich gesprochen hätte. Für diese Woche. Für diese letzten Tage, in denen ich nichts weitergeben konnte an meinen Arbeitskollegen, der diese schwierige Entscheidung zu treffen hatte und mich um Rat fragte. Weder Gläubiges noch Weltliches haben etwas ausgerichtet. Meine Worte waren nicht genug. Und ich weiß auch, dass meine Motive, mein Versuch zu helfen nicht einmal edel waren. Ich wollte nur etwas wiedergutmachen, das ich selbst mal verbockt habe. Vor vielen Jahren. Und jetzt fühle ich mich, als habe ich zum zweiten Mal versagt.

Das Brot kommt und es klebt auf meiner Zunge. Ein Gedanke zuckt durch mein Hirn: Warum machen wir das eigentlich hier mit dem Abendmahl? Weil Jesus für uns gestorben ist! Für unsere Schuld. Ich schlucke und kann die Tränen nur mühsam verbergen. Es ist mir peinlich, und ich mag es überhaupt nicht, wenn mir in der Öffentlichkeit die Tränen kommen. Singen kann ich jetzt auch nicht mehr. Ich schweige, bis der Kelch kommt.

»Jesus liebt dich«, sagt sanft eine Stimme. Ich trinke, und dann lasse ich mich endlich fallen. Es ist mir superpeinlich, aber bis ich mich endlich wieder beruhigt habe, ist ein ganzes Päckchen Taschentücher verbraucht. Ich bin heilfroh, dass die Gemeinde noch zwei Lieder singt. Ich brauche sie, sonst kann ich hier nicht aufstehen.

»Jesus liebt dich« schien mir früher immer ein christlicher Werbespruch zu sein. Heute erst habe ich es kapiert:

Wie sehr muss er uns, die wir immer und immer wieder versagen, geliebt haben, dass er das Kreuz auf sich nahm.

Es gibt Momente im Leben, in denen hat man das Gefühl, der Zeigefinger Gottes berühre einen ganz leicht. »Jesu Blut für dich vergossen« ist seitdem keine Floskel mehr für mich.

Komm, lass uns gehen

Unsere Gemeinde ist zusätzlich zu einem kleinen und großen Gottesdienstsaal mit Kinder- und Jugendräumen, Foyer, Bibliothek, Bücherstube und mehr ausgestattet. Gott hat uns reich beschenkt. Meist sehe ich das auch so. In Anbetracht unserer Familiengröße von sieben Personen allerdings träume ich manchmal von einer kleinen, überschaubaren Dorfkirche.

Das hatte ich mir immer gewünscht: Eine Gemeinde, in der man sich kennt, in der nach dem Gottesdienst nicht alle gleich das Weite suchen. Beim Kaffeetrinken danach treffe ich Freunde, Bekannte, Unbekannte und kann small oder long talken, plaudern oder mich tiefschürfend unterhalten, über die Predigt diskutieren oder mir Autotipps holen. Das geflügelte Wort vom Reden über Gott und die Welt – beim Kaffeetrinken in unserer Gemeinde hätte es entstanden sein können. Doch Vergnügungssüchtige Vorsicht: Mit Party hat das alles nichts zu tun. Das Einsammeln der Familie am Schluss ist eine knallharte Prüfung für christliche Nächstenliebe.

11:20 Uhr. Der Gottesdienst ist vorbei. Die Predigt war klasse. Noch in Gedanken frage ich vorsorglich meine Frau: »Schatz, wann wollen wir heute gehen?«
»Ach, so gegen zwölf. Lass uns nur schnell einen Kaffee trinken. Und dann möchte ich noch kurz mit M. sprechen.« Während ich mich in Richtung Foyer umdrehe, ist meine Frau bereits in ein Gespräch mit S. verwickelt. Ich steuere den ersten Tisch mit Kaffee an. Mein Freund D. gesellt sich zu mir und wir tauschen neueste Infos über Glaubensvor- und -rückschritte, Urlaub, Familie und Autos aus. Dann

muss er los und ich stelle mich noch schnell zu J., mit dem ich schon seit Wochen mal plauschen wollte. Endlich haben wir mal Zeit. Ein kurzer Blick auf die Uhr. Oh, doch schon so spät. Es ist fünf vor zwölf. Unser Sohn klopft mir auf die Schulter: »Wann gehen wir endlich?«

»Mama hat gesagt zwölf Uhr.«

Er schaut ebenfalls auf die Uhr. »Och, dann geh ich nur noch mal kurz hoch. Bin gleich wieder da.«

»Nein«, brülle ich ihm hinterher. »Bitte nicht.« Vergeblich. Ich werde ihn erst nach Stunden wiedersehen. Ich breche das eben begonnene Gespräch mit J. ab und suche meine Frau. Sie unterhält sich noch mit S.; ich winke und sage tonlos: »Wir wollten um zwölf gehen!« Sie erwidert souverän: »Wir können sofort los. Aber hast du denn schon die Kinder gefunden?«

Ist das ein Heiligenschein über ihrem Kopf? Sie weiß genau, dass ich nun meine allsonntägliche Odyssee durchlaufen werde. Der Sohn ist vermutlich in den Jugendräumen. Die Kleinen habe ich vorhin auf dem Spielplatz gesehen. Tochter im Foyer, das ist gut. Mutter im großen Saal. Der zweite Sohn war nicht mit, das erleichtert die Sache. Ich laufe die Treppe zu den Jugendräumen hoch. Der Raum ist gähnend leer. Ich rufe. Nichts! Laufe in den Keller. Nichts! Bibliothek, Kinderräume. Ich sehe die Kleinen durch die Scheiben auf der Schaukel. Gut. Alles im Griff. Vielleicht doch erst die Tochter. Zurück im Foyer, steht sie nicht mehr an ihrem Platz. Vielleicht ist sie auf der Empore. Von der Empore aus sehe ich den Sohn im Altarraum großer Saal. Auf der Treppe liegt P., Vater von vier Kindern, erschöpft, eingefallene Wangen, sicher auf der Suche zusammengebrochen. Ein Blick auf meine Zukunft. Doch ich habe keine Zeit, mich um ihn zu kümmern. Als ich wieder unten bin, ist unser Sohn verschwunden. Meine Frau ist noch ins Gespräch vertieft. Da, die Tochter! Von hinten erhasche ich einen Blick. Sie läuft in Richtung Kinderräume. Ich brülle durch das Foyer. Verständnislose Blicke treffen mich. Keine Reaktion der Tochter. Im Vorraum der Kinderräume stelle ich sie. »Treffpunkt in fünf Minuten im Foyer. Taschengeld kannst du dir abschminken, wenn du nicht da bist.« Immerhin erhalte ich von ihr die Information, dass unser Sohn am Eingang gesichtet wurde. Ich laufe nach vorne. Dort stehen nur seine Freunde. »Habt ihr ihn gesehen?«

»Der hat dich gesucht, wollte in die Jugendräume.«

Ich rieche, dass mein Deo versagt. Schweiß läuft an meinen Armen herunter. Die Kleinen sind noch auf der Schaukel. Ich jage die Treppen hoch. Kein Mensch da. Ich träume von einem funkgesteuerten Elektroschocker für minderjährige Familienmitglieder. Die Tochter steht im Foyer. »Gehen wir jetzt endlich?« Ich rase wortlos an ihr vorbei. Auch vorbei an W. Er wird mich am Mittwoch im Hauskreis[3] fragen, warum ich mit glasigen Augen und stierem Blick an ihm vorbeigerannt sei, und mir Seelsorge anbieten.

Aufgrund eines Hinweises vermute ich den Sohn im Keller, finde ihn dort, zücke die Handschellen. Wir stolpern zusammen durchs Foyer. Die Tochter ist verschwunden. Später wird sie zu Protokoll geben, wir seien nicht pünktlich da gewesen. Unser Sohn wird am Eingang angekettet. Oder ist das nur meine Fantasie? Weiter zum Spielplatz. Die Kleinen sind weg. »Nein!!!« Zurück durch den Hintereingang, durch die Kinderräume. Nix. Treppe hoch. Nix. Runter. Meine Frau, immer noch ins Gespräch vertieft, hat nichts gesehen. Nach vielen Fragen finde ich die Tochter auf dem Sofa im Wintergarten. »DU, DU suchst jetzt die Kleinen!«, fahre ich sie an. »Wir treffen uns am Auto.« Zurück ins Foyer. Meine Frau ist weg. Ich bin den Tränen nahe. Der Sohn

---

3 Der Hauskreis ist ein regelmäßiger Treff von Christen aus einer oder aus unterschiedlichen Gemeinden, gedacht, um das Gemeindeleben über den Gottesdienst hinaus zu erweitern. Je nach Hauskreis stehen Glaubensthemen und/oder der persönliche Austausch im Mittelpunkt.

hat sich inzwischen befreit und ist nach Aussage seiner Freunde nur noch mal kurz was klären gegangen. Ist gleich wieder da ... Ich beschließe, mich allein ins Auto zu setzen und zu beten.

Als ich endlich völlig verschwitzt das Auto erreiche, steht da meine Frau: »Sag mal, wo bleibst du denn, wir warten schon ewig auf dich.« Die Kinder sitzen alle angeschnallt im Auto. Ich meditiere über Sätze wie: »Kinder sind ein Segen« und »Es ist nicht gut, dass der Mensch allein sei«, während ich grimmig den Anlasser starte.

»Die Predigt war klasse heute, nicht?«, fragt meine Frau. Während ich verzweifelt versuche, mich zu erinnern, tönt es von hinten: »Ich hab was vergessen, ich muss noch mal kurz rein.«

PS: Auf ausdrücklichen Wunsch meiner Frau betone ich hiermit, dass Ähnlichkeiten mit realen Personen rein zufälliger Natur sind.

»Nichts darf man«

Seit ich Christ bin, sammle ich für alle passenden und unpassenden Gelegenheiten Zitate aus der Bibel. Leider – ich gebe es zu – vergesse ich mitunter, dass man diese Zitate für und nicht gegen seine Mitmenschen einsetzen soll.

Wir saßen mit einem befreundeten Ehepaar, Peter und Elke, im Auto und fuhren von der Gemeinde in Richtung Heimat. Später Nachmittag. Wir fahren keinen Mercedes, kein schnuckeliges Cabriolet, keinen aufgebockten Off-Road-Jeep. Wir fahren das, was man herkömmlich als Familienkutsche bezeichnet. Unsere Freunde auch.

Unser Gespräch verlief ruhig und freundlich. Wir plauderten friedlich über die Gemeindeveranstaltung und schauten von Zeit zu Zeit aus dem Fenster, betrachteten die ländliche Idylle, Pferde auf der Weide, das Getreide im leichten Wind auf den Feldern.

Eine ganze Zeit schon fährt hinter uns ein Sportwagen. Rot, schnittig, auffällig. Ich beobachte ihn schon seit geraumer Zeit im Rückspiegel. »Sag mal, hinter uns, ist das ein Ferrari?«

Peter: »Nee, das ist ein Maserati.«

»Heißes Teil.«

Peter: »Hässliche Gurke. Also, ich fand den alten VIEL schöner.«

»Ist James Bond nicht mal so einen gefahren?«

Peter: »Das war doch ein Aston Martin.«

In dem Moment setzt der Rote den Blinker und schert aus.

Peter: »Der will überholen. Lass ihn nicht vorbei.«

Ich: »Quatsch, der zieht eh vorbei!«

Peter: »Aber der ist allein im Auto. Wenn er auf gleicher Höhe ist, rammen wir ihn, und vier Leute behaupten, er hätte uns gerammt.«

Drei Leute einstimmig im Chor: »Aber Peter! Wir sind doch Christen!«

Peter kleinlaut: »Stimmt.« Aber dann leise und bockig: »Ich kann das nicht leiden, wenn Leute so protzen müssen!«

Weitere Getreidefelder gleiten an unseren Augen vorbei. Kleine Ortschaften liegen am Rande.

Peter brummelt vor sich hin: »Wenigstens anzeigen sollte man den Kerl. Das war unverantwortlich, wie der überholt hat.«

Ich kann es nicht lassen: »Aber Peter, in der Bibel steht, wenn einer unrecht handelt, soll man ihn unter vier Augen auf seine Verfehlungen hinweisen, und wenn das nichts nützt, noch mal mit einem weiteren Gemeindemitglied, und erst wenn das nichts nützt ...«

Peter fällt mir ins Wort: »Kannst du mir mal sagen, wie ich ihn auf seine Verfehlungen hinweisen soll, wenn er mit zweihundert an mir vorbeidonnert? Ich bin Familienvater! Ich fahre keinen Sportwagen!«

»Peter, du bist neidisch, gib's zu! Das ist ganz und gar unchristlich.«

»Ich BIN nicht neidisch! Außerdem: Maserati! Der hat im Logo einen Dreizack. Neptun. Verstehst du? DAS ist ganz und gar unchristlich. Ich und neidisch ... Ich ... ich sehe nur diese Verkehrsrowdys als persönliche Feinde an.«

»Peter, Peter«, schüttle ich den Kopf. »Persönliche Feinde ... Paulus hat gesagt: *Wenn dein Feind hungrig ist, gib ihm zu essen, und wenn er durstig ist* ...«

»Spinnst du? Soll ich ihm jetzt noch den Sprit bezahlen für seine Rüpelei? Und meinen Kotflügel hinhalten als linke Backe?«

Seine Frau versucht, ihn zu beruhigen: »Peter, komm jetzt mal runter, denk an dein Herz. Außerdem sollen Christen sich nicht gegenseitig beleidigen.«

Doch Peter ist zu aufgebracht: »Erstens sollt ihr Frauen euch den Männern unterordnen, und zweitens hat Paulus gesagt: *Als Verheiratete werdet ihr besonderen Belastungen ausgesetzt, und das würde ich euch gern ersparen.* Der wusste schon, warum.«

Die Sonne geht goldgelb hinter den Hügeln unter. Gott versucht wieder einmal vergeblich, uns Menschen mit der Schönheit seiner Natur zu erfreuen. Im Auto herrscht eisiges Schweigen.

Am späten Abend rufe ich Peter an. Ehe ich was sagen kann, raunzt er mich an: »Wenn man Christen als Freunde hat, braucht man keine Feinde mehr!« Der Witz ist alt, aber ich merke, dass Peter nicht mehr ganz so grollt. Doch es arbeitet noch in ihm: »Nichts darf man bei euch. Kein Gelästere mehr wie früher. Immer nur fromm sein.«

»Peter...«

»Ja?«

»Peter, ich wollte mich entschuldigen. Du warst so herrlich aufgebracht heute Nachmittag. Und... ich konnte es nicht lassen, dich ein wenig hochzunehmen. Es hat so einen Spaß gemacht. Aber es war nicht O. K. Es tut mir leid. Wirklich. Und... kannst du Elke sagen, dass sie nur das abbekommen hat, was ich eigentlich verdient hätte?«

»Hab ich schon!«, brummt Peter. »Außerdem hat Paulus gesagt: *Lasst die Sonne nicht untergehen, ohne dass ihr euch vergeben habt.* Also: Ich vergebe dir.«

Dann wird seine Stimme tief und hart: »Aber nur, weil Paulus das gesagt hat!«

Ich krieg dich schon noch

Über den Sinn und Unsinn von Evangelisation lässt sich streiten. Wenn jemand versucht, einen anderen von seinem Glauben zu überzeugen, geschieht das mitunter sehr penetrant. Je nach Stimmung führt es auf der anderen Seite zu Abwehr (Knoblauch, Silberkugeln, Schilder: »Ich bin nicht zu Hause« etc.) oder zu endlosen Diskussionen: Keiner hört zu, beide haben recht und der jeweils andere keine Ahnung.

Wenn jemand mit der hochgehaltenen Bibel am Straßenrand steht, wissen wir alle Bescheid. Im günstigsten Fall erntet der Hochhaltende stilles Mitgefühl, wenn nicht Schlimmeres.

Das Dumme daran ist nur: Laut Bibel sollen wir anderen vom Glauben erzählen[4], und eigentlich reden wir ja auch gerne davon, weil es eines »unserer Themen« ist.

Schlimmer noch: Wenn sich jemand den Weg in die Unsterblichkeit nicht von Jesus zeigen lassen will, wer soll's ihm dann zeigen? Die Tarotkarten bestimmt nicht. Da steht er nun, der frisch geborene Christ, und will sein Bestes geben. Der Geist ist auch willig, aber alles andere ist ausgesprochen schwach.

Aus dem Internet habe ich mir Buch und CD von einem Evangelisten zusenden lassen. Er predigt in Afrika. Voller Neid schaue ich auf den Schutzumschlag: 1,6 Millionen Menschen kamen in Nigeria, um ihn zu hören. Im Normalfall marschieren achthunderttausend Menschen zu seiner Predigt.

---

4   Z.B. Markus 16,15, Matthäus 28,18-20.

Unglaublich. Ich stelle mir das so vor: Da hängen die so ein Plakat in irgendein staubiges Nest mitten in Afrika, auf dem steht: »Nächste Woche, Dienstag, kommt wer, der von Jesus erzählt. Und schwupp, schon erscheinen eine halbe Million Menschen und trampeln die Felder platt. Und nicht nur das. Sie bekehren sich gleich auch noch zu Hunderten.

Und was ist mit mir? Das ist unfair! Da quäle ich mich wochenlang ab, um einen Arbeitskollegen möglichst unaufdringlich (ohne Waffen und so) in den Gottesdienst zu schleifen. Und was passiert? Nichts! Gar nichts funktioniert. Was mache ich nur falsch?

Nicht, dass ich neidisch wäre. Ich mache das auch nicht für ein warmes Plätzchen im Himmel. Nein, ich doch nicht. Ich weiß doch, dass ich den Platz geschenkt bekomme.

Aber wenn ich doch nur einen durch mich bekehrten Menschen vorweisen könnte! Nur einen einzigen. Das wäre doch was. Meine Frau hat's da gut. Durch sie habe ich meinen Weg zu Jesus gefunden. Und sie hat damit ihren »persönlich Bekehrten«. Sei ja gar nicht wichtig, behauptet sie. Ich sehe das anders.

Wenn sie mal in den Himmel kommt und jemand fragt: »Wer ist dein persönlich Bekehrter?«, kann sie sagen: »Mein

Mann!« Das ist wenigstens was. Da steht man doch ganz anders da.

Aber was mache ich? Ich mach's mir gerne schwer. Leichte Aufgaben sind für die anderen. Bei uns im Betrieb gibt es einen Kollegen. Chronischer Geldmangel, Ehe kaputt, Gehaltspfändung, Alkohol. Knapp vorbei an der gesellschaftlichen Norm. Mein ganzer Ehrgeiz besteht nun darin, diesen einen für Christus zu gewinnen. Er hat blöderweise gar keine Lust, bekehrt zu werden. Er kehrt lieber selbst.

Meine Vorstellung ist die: Ich schaffe es, ihn ein einziges Mal in den Gottesdienst zu bringen. Das war's dann. Alles andere macht Gott. So er will, natürlich nur.

Das Schwierige ist allerdings: Gott hat nie bestätigt, ob er das überhaupt so will. Oder doch?

Stets habe ich eine Einladung für einen besonderen Gottesdienst mit Theater, Musik, Video im Schreibtisch parat oder eine Info über eine christliche Veranstaltung, und immer, wenn's ihm schlecht geht, höre ich mir alles an und drücke dem Kollegen ganz zum Schluss eine Einladung in die Hand. »Oh, vielen Dank«, sagt er brav. »Selbstverständlich komme ich am Sonntag. Um wie viel Uhr?«

Das sind dann die Sonntage, an denen ich nervös durchs Foyer der Gemeinde laufe und liebe Menschen, die vielleicht mit mir reden wollen, links liegen lasse. Flüchtig grüße ich: »Nein, ich kann jetzt nicht. Bestimmt sucht mich jetzt der Kollege und braucht dann meine Hilfe.«

Alles Unfug. Keine Socke ist da.

Also habe ich meine Taktik mit der Zeit geändert. »Ob ich dir Geld leihen kann? Kein Problem. Dafür kommst du am Sonntag in den Gottesdienst. O. K.?«

Der Vorschuss ist lange versoffen. Ich laufe wieder durchs Foyer. Weit und breit kein Kollege.

Der macht mich fertig, der Kerl. Ob es bekehrungsresistente Menschen gibt? Ich schaue im Internet. Tatsächlich!

Das Wort *bekehrungsresistent* gibt es. Auf der Seite *Galerie des Grauens*.

Ich steigere meine Hartnäckigkeit: »Geld leihen? Nein, ich verleihe kein Geld. Ich schenk dir die fünfzig Euro. Dafür kommst du am Sonntag in den Gottesdienst! Das Geld kannst du behalten. Aber nur, wenn du wirklich kommst!«

»Klar doch.« Als der Kollege raus ist, beantrage ich in Rom meine Heiligsprechung.

Am Montag legt er mir das Geld auf den Schreibtisch. Rom sagt ab. Ich bin mit den Nerven am Ende.

Wie soll ich das je schaffen, wenn das so weitergeht?

Heute nach dem Gottesdienst erzählt eines der Kinder beiläufig im Auto, dass zwei von seinen Klassenkameraden mit im Jugendgottesdienst waren.

»Und, wie viele hast du eingeladen?«, frage ich scharf.

»Fünf!«

Ich werde grün vor Neid und fange an zu rechnen: Eine Trefferquote von zwei zu fünf. Ich hatte zum Gästegottesdienst sechs Leute eingeladen. Gekommen sind null. Denkbar schlechte Quote.

Meine Frau sagt schuldbewusst: »Ich habe diesmal niemanden eingeladen.«

Null zu null. »Die Quote ist ja noch besser als bei mir!«, brumme ich.

Abends rufe ich einen guten Freund an, um mich auszuweinen.

»Schau mal«, versucht er mich zu trösten. »Allein durch deine Existenz ist schon mal jemand Christ geworden. Das hast du mir selbst erzählt.«

»Ja«, kontere ich. »Aber dafür habe ICH nichts getan, das war nicht MEIN Verdienst. Das hat Gott doch gemacht.«

»Eben«, sagt er. »Vielleicht denkst du mal drüber nach.«

Es ist doch noch gar nicht Nacht

Wir wollen ja hier nicht protzen, aber viele meiner evangelischen oder katholischen Freunde werden stets grün vor Neid, wenn sie die vielen Jugendlichen bei uns im Gottesdienst sehen. Die kommen gerne und nehmen den Gottesdienst wichtiger als Computerspiele und McDonald's zusammen – auch Produkt einer intensiven Jugendarbeit.

Grün vor Neid werde allerdings ich, wenn ich sehe, was die Kids für Freizeiten geboten bekommen und welche Opfer die Eltern dafür bringen.

Meine Frau meinte später, der Abend selbst sei eine Satire gewesen, ich bräuchte mir keine mehr auszudenken. Na gut.

Wir haben ab morgen früh Urlaub. »Gute Erholung dann, Herr Nieswiodek«, höre ich den ganzen Tag. Die werde ich brauchen. Für den letzten Tag vorm Urlaub bräuchte man fünf Tage Ausgleich zum Erholen. Von morgens bis abends Megastress, alle wollen noch etwas. Schön, wenn man gebraucht wird. Weniger schön, wenn der Kopierer gerade dann streikt, wenn man als letzte Amtshandlung nur noch eine Kopie braucht. Über den PC will ich jetzt nicht reden, sonst müsste ich ganz und gar unchristliche Ausdrücke benutzen. Ich bin platt.

Meine Frau hatte schon Sekt geholt. Denn heute Abend gönnen wir uns zur Belohnung etwas Gutes.

»Ja, aber wir müssen doch noch den Großen von der Jugendfreizeit abholen.«

Vor meinem geistigen Augen erscheint ein Bild: Nachts, völlig übermüdet fährt einer von uns aus dem Taunus nach

Wiesbaden. Auf dem Parkplatz der Gemeinde andere Eltern. Teilweise ehrliche (das sind die, die zugeben, auch todmüde zu sein) und dann noch die anderen, denen kein Liebesdienst zu groß ist, die quietschfidel darauf warten, Koffer zu schleppen, Tonnen von Wäsche zu waschen und hinterher zu hören, dass das Schicken von Lebenszeichen an sich sorgende Eltern völlig uncool sei. Mein geistiges Auge sendet außerdem Bilder von aufgedrehten, quietschenden Jugendlichen, die sich zum Abschied etwa zweihundertmal in die Arme fallen, als würden sie sich nicht einen Tag später im Gottesdienst, sondern erst Monate später das nächste Mal sehen. Und ich höre mich fünfzig Mal sagen: »Können wir jetzt endlich fahren?«

Zurück zu meiner Frau. »Du hast wieder mal nicht richtig zugehört. Die Jugendlichen kommen diesmal früh. Zwischen sieben und acht sind sie an der Gemeinde. Ganz zivil.«

Ich finde das völlig untypisch. Zu Teenager- und Jugendfreizeiten gehören müde Eltern. Entweder fährt der Bus gleich morgens um 5 Uhr 30 Uhr los oder die sehnlichst Erwarteten rollen zwei Stunden später als erwartet mitten in der Nacht auf dem Parkplatz ein. Ich habe immer mehrere Bücher dabei, wenn es ums Abholen geht.

Sollte der Jugendpastor diesmal etwa doch auf mein ewiges Gemeckere reagiert haben?

»Um acht Uhr schon? Da ist es doch noch gar nicht Nacht. Das gab es noch nie«, raune ich, frage dann aber vorsichtig nach: »Hat sich denn der Große überhaupt schon gemeldet?«

In diesem Moment klingelt das Handy und eine SMS erscheint: »Sind todmüde, aber gut gelaunt wieder in good old Germany. B.« Es ist fünf Uhr nachmittags.

Ich spüre, wie meine Frau triumphiert. Dann stellt sie den Sekt kalt. Für später, so ab neun.

Um sieben wird es Zeit, sich zum Abholen fertig zu machen, als eine zweite SMS einläuft: »Haben eine Panne.

Klimaanlage geplatzt. Stehen auf dem Rastplatz. Kann sich nur um Stunden handeln. B.«

Ich grinse meine Frau an. Sie wirft mir einen Blick nach dem Motto »Wenn du jetzt einen Ton sagst, lasse ich mich sofort scheiden« zu.

Die Zeit verrinnt.

Es ist ein lauer Sommerabend und ich warte darauf, wie immer mitten in der Nacht einen Sprössling in Wiesbaden abzuholen. Wir trinken alkoholfreies Bier und ich schreibe eine Glosse, die sonst nie geschrieben worden wäre.

– Schnitt –

Die Freizeiten mit dem Jugendpastor sind super. Keine Frage. Für dieses Jahr allerdings hat er sich einen besonderen Schlafüberlebenstest für sich – und natürlich auch die Eltern – ausgedacht. Ich vergaß vielleicht zu sagen: Um sechs Uhr morgens nach der Jugendfreizeit geht die Teenagerfreizeit los. Und zwei von uns sind mit dabei.

Um halb fünf Uhr morgens wird die Schlafzimmertür aufgerissen. Ein nervöser Teenager brüllt: »Wir müssen los, habt ihr uns vergessen?« Ich stelle mich tot. Diese Schicht übernimmt meine Frau. Todmüde steht sie frühmorgens am Parkplatz. Wieder haben die *anderen* Eltern die Überhand. Zitate: »Ich gehe erst mal joggen.« Oder: »Ich bin fit, wir fahren nachher gleich weiter an die See.« Oder: »Hoffentlich geht's bald los, ich habe heute noch was vor.« Nur ein Verbündeter bekennt: »Man könnte noch was anderes machen, zum Beispiel: SCHLAFEN!!!«

Auch der Jugendpastor springt fit wie ein Animateur von Holiday-Tours zwischen den Teenagern herum. Merke: Den Seinen gibt's der Herr im Schlaf. Pastoren allerdings kommen auch ohne Schlaf aus.

Nachsatz: Während ich durch die Nacht fahre, um den Großen von der Gemeinde abzuholen, kommt mir ein Gedanke: In den Wochen der Freizeit läuft bei uns die Zeit einfach weiter, während *die Kinder*, die keine mehr sind, Hunderte von Kilometern entfernt Neues erleben, Freundschaften schließen, Jesus erleben. Bei vielem werden sie auf die Nähe und Bewahrung Gottes angewiesen sein. Und wenn ich ehrlich bin: Die größte Sorge ist nicht die, ob es wieder spät werden könnte. Die größte Sorge ist die, dass Gott sie wieder gut heimbringt. Und wenn sein Timing immer auf die Nacht fällt, dann soll es halt so sein.

Welche Gaben
hätten S' denn gern?

Gemeinde kommt von Gemeinschaft. Die Urgemeinden haben das so wörtlich genommen, dass sie alles, was sie besaßen, geteilt haben. So weit gehen wir nicht, aber lebendige Gemeinden zeichnen sich durchaus dadurch aus, dass man Anteil nimmt am Leben der anderen, gemeinsam singt, betet und feiert – und eben auch am Gemeinsamen mitarbeitet. Das ist kein Muss, aber ein schönes Kann, und wenn man sich darauf einlässt, hat man richtig Spaß dabei. Sinnvoll natürlich, wenn jeder sich dort einbringt, wo seine Begabungen liegen.

Aber woher weiß ich überhaupt, welche das sind?

»Beni? Beni? Beeeeenniiii!!!!«

»Äh, ja?«

»Auuuufstehen!«

»Ja, ja …«

»Bist du wach?«

»…«

»Beni? Beeeeennniiii!!!«

Unser ältester Sohn hat einen gesegneten Schlaf. Wecker kaufen wir für ihn im Dreierpack und nach Lautstärke. Er verschläft trotzdem. Donner und Erdbeben, zieht ruhig weiter. Ihr kriegt ihn eh nicht wach.

Es ist zwar mitunter etwas anstrengend, aber insgeheim habe ich immer gedacht: Junge, das ist eine Gabe Gottes.

Falsch! So einfach ist das nicht mit den Gaben. Weiß ich aber auch erst, seit ich das Gabenseminar[5] in unserer Gemeinde besucht habe.

Zwei Wochen vor Beginn des Seminars erhalte ich ein Buch mit unendlich vielen Fragen, die zu beantworten sind. Sofort steigen düstere Gedanken in mir auf: Das gläserne Gemeindemitglied... »Ach so, ja«, sagt der Moderator, der mir das Buch nach dem Gottesdienst überreicht, »die Fragen werden alle von euch selbst ausgewertet, ihr könnt also ruhig ehrlich sein.«

»Bestimmt habe ich die Gabe der Vorsicht«, denke ich insgeheim.

Genau genommen brauche ich so ein Seminar gar nicht. Ich kenne mich doch selbst am besten, oder?

Trotzdem lasse ich in der Woche vor dem Seminar Frau und Kids je einen Bogen ausfüllen. Frage zum Beispiel: Bei Dexter kann ich mir vorstellen, dass seine Hände geschickter sind als die der meisten Menschen (?)

»Kaum«, hat meine Frau angekreuzt. Demnächst kann sie ihre Regale selbst aufhängen.

Aber dass ich mit Nichtchristen über den Glauben an Jesus Christus reden kann, meint sie schon. Achtundzwanzig Fragen sind es und ich erhalte von den beiden Gefragten höchst unterschiedliche Einschätzungen meiner Gaben. Ich selbst beantworte noch mal hundertachtzig Fragen. Fällt es mir leicht, Aufgaben an andere zu delegieren? Darüber muss ich in Ruhe nachdenken. »Kinder, deckt derweil doch schon mal den Tisch!«

Bei einigen Fragen fällt mir die Antwort leicht, bei anderen muss ich schon grübeln. Hat Gott durch mich schon Zeichen und Wunder vollbracht? Ob die vielen Was-

---

5 Es geht um die geistlichen Gaben, wie sie z. B. im 1. Korintherbrief 12,4-11 beschrieben werden. Darüber hinaus hat es mir für meine persönliche und berufliche Entwicklung geholfen, mir über die eigenen Gaben/Begabungen intensiv Gedanken zu machen.

serrohrbrüche im Betrieb doch mit mir zusammenhängen?

Am ersten Abend klären wir erst mal ab, wo wir zurzeit stehen. Über einen Test mit ganz spontanen Antworten lässt sich da schon einiges feststellen. Geht die Tendenz mehr zu Weisheit, Vollmacht oder Engagement? Schön wäre etwas von allem. Aber ich bin wohl zu kopflastig. Nach der Auswertung finde ich mich im Lehrbuch im Vergleich mit dem Apostel Thomas wieder. Überschrift: Thomas, der Zweifler. Erinnert mich doch irgendwie an meine Ängste am Anfang. Ich lese den Text. Verflixt, erkannt. Zu wenig Vertrauen. Das passt schon auf mich, was da steht. Den anderen geht es ähnlich. Jeder findet sich in einer biblischen Gestalt wieder und jeder erkennt Parallelen. Und jeder hat gute und weniger geliebte Eigenschaften. Die beiden Kursleiter trösten: Gott erwartet keine Vollkommenheit, er braucht jeden genau so, wie er ist. Steht in der Bibel. Außerdem kann ich nur an Schwachstellen arbeiten, wenn ich weiß, wo sie überhaupt liegen. Ich denke auf der Rückfahrt lange darüber nach.

Am nächsten Vormittag ist Gelegenheit zum Austausch. Vier von uns stellen ihren »geistlichen Ausgangspunkt«, also den momentanen Stand, vor. Durchaus selbstkritisch analysieren sie eigene Stärken und Grenzen, nennen Beispiele und formulieren Wachstumsmöglichkeiten. Schön, dass so viel Ehrlichkeit in der Gruppe möglich ist. Danach ist Pause, Gelegenheit zum Gespräch. Jemand setzt derweil die Gabe der Gastfreundschaft in die Tat um und bereitet das Mittagessen zu.

Bevor aber der Leib verwöhnt wird, werden die geistlichen Gaben vorgestellt. Sie ergeben sich überwiegend aus Bibelstellen, die wir gemeinsam erarbeiten. Insgesamt dreißig Gaben sind nach ihrem Ursprung – Weisheit, Engagement oder Vollmacht – geordnet. Meine Hoffnung, mich künftig bei der Hausarbeit damit rausreden zu können, dass die Gabe des Dienens nicht meine Stärke sei, erfüllt sich zu meinem großen Bedauern nicht. Denn da gibt es noch sogenannte christliche Universalrollen: Nicht jeder hat die Gabe des Gebens, aber auch der Geizigste gibt etwas. Nur wenige sind zum Organisator berufen, aber jeder sollte doch sein Leben organisieren. Für jede dieser Rollen gibt es eine »echte« Gabe und einen allgemeinen Bereich, den jeder in einem gewissen Maß abdecken kann.

Langsam fiebern wir aber doch der Auswertung der Gabentests entgegen. Nicht ohne Zweifel und Ängste, wie ich gestehen muss. Wenn ich offiziell die Gabe der künstlerischen Kreativität bestätigt bekomme, ehrt mich das. Aber wenn ich nun die Gabe der Leidensbereitschaft habe, was dann? Von Ehelosigkeit will ich hier gar nicht reden.

Nach dem Mittagessen geht es los. Mein Magen aber verlangt nach etwas Süßem. Kaum gedacht, stelle ich fest, dass jemand die, wenn auch nicht offizielle, Gabe des Kuchenbackens genutzt hat. Soll noch mal jemand sagen, Gott sorge nicht für uns. Gestärkt werten wir aus, ordnen Zahlen in langen Tabellen, bis das Ergebnis endlich feststeht. Ein kleines Kärtchen, auf das wir die Gaben nach Stärken und Schwächen eintragen können, erhalten wir auch noch.

Ich werde niemandem meine Gaben verraten, vor allem keinen Gemeindemitgliedern. Sonst muss ich am Ende noch die Gemeinderäume streichen oder so was. Nur eines: Zu meinen latenten Gaben gehören »Wundertaten«. Vielleicht schaffe ich es also doch noch, den Großen morgens aus dem Bett zu bewegen.

PS: Es ist acht Uhr morgens und Sohnemann ist von selbst aufgestanden. Es hat geklappt!

Lasst es uns ja
gut machen

Ende 2005 gab es eine Aktion, an der Freikirchen und Landeskirchen gemeinsam beteiligt waren. Als auffällig bemalte »kleinste Kirche der Welt« waren siebzig Smarts in Deutschland, Österreich und der Schweiz unterwegs, um Menschen auf den christlichen Glauben neugierig zu machen. Ich wäre gerne als Fahrer – sie nennen sie »Piloten« – dabei gewesen, aber was will ausgerechnet ich, das Greenhorn, jemandem erzählen, der mit brennenden Fragen in die kleine Kirche kommt. Ich glaube, ich bin nicht perfekt genug.

Der Tag ist geschafft und ich liege abends im Bett. Todmüde. Der Tag war ätzend, und nein, ich habe heute nicht ausreichend Liebe für meine Mitmenschen aufgebracht.

Und dann noch die Smart-Aktion. Sie suchen immer noch Piloten. Seit Wochen kämpfe ich wie ein Löwe mit mir selbst: Oh ja, ich würde gerne fahren. Oh nein, wo soll ich Zeit hernehmen, die einfach nicht da ist? Außerdem: Wie soll ich als Smart-Pilot Menschen zum Glauben bringen? Ich kann das nicht. Ich bin einfach nicht fromm genug dafür.

Während ich so halb abwägend, halb betend vor mich hin denke, merke ich, wie mir die Augen zufallen, und ich kann nur noch leise »Amen« sagen, weil das sonst bestimmt unhöflich gegenüber Gott wäre.

Kurz darauf gehe ich in Köln vor dem Dom spazieren. Und da stehen sie alle herum, die Smarts. Ich verspüre Hunger, und schon sehe ich Stände mit den schönsten Leckereien. »Christliches Gebäck aus der Klosterbäckerei.« An einem anderen Stand steht ein dicker Italiener mit einem goldenen

Kreuz auf der Brust. »Christliche Pizza«, prangt über ihm ein Schild. Und all die anderen Köstlichkeiten. Lauter freundliche Menschen sind nur dafür da, um mich zu erfreuen. Es ist perfekt. Ich setze mich auch gleich in den ersten Smart. Ein gut aussehender, netter, junger Mann sitzt da. »Hallo«, sagt er mit strahlendem Lächeln. »Schön, dass Sie hier sind.«

Ich fühle mich gleich willkommen.

Aber nach dem schrecklichen Tag will ich doch mal sehen, ob er sein Handwerk versteht.

»Ach«, sage ich mit lästernder Stimme. »Eine ordentliche Kirche ist das aber nicht. Für mich ist 'ne Kirche ohne Orgel keine Kirche.«

»Kein Problem!«, sagt er, drückt auf einen Knopf, das Lenkrad verschwindet, ein Orgel-Manual fährt aus, und er spielt mit absoluter Profimiene ein Orgelkonzert von Bach. Es dröhnt aus den vier Basslautsprechern. Jetzt verstehe ich nicht mehr, was er sagt, aber er grinst von einem Ohr zum anderen.

»Ist ja gut!«, brülle ich. Er schaltet aus. Das Manual fährt wieder ein.

»Wir erfüllen alle Wünsche«, säuselt er. Ich bin skeptisch.

»Was ist mit Kirchenfenstern?«, frage ich. Er grinst schon wieder, drückt auf der Fahrerseite auf einen weiteren Knopf, und schon fahren alle Autoscheiben herunter und bleiverglaste Tiffanyscheiben nach oben. Die Sonne strahlt blau, gelb und rot auf sein glückliches Gesicht.

Ich bin beeindruckt.

»Malereien?«, frage ich leise. Er drückt diesmal keinen Knopf, sondern zeigt nur mit dem Zeigefinger nach oben. Ich hatte es beim Einsteigen gar nicht wahrgenommen. Der Himmel des Smarts ist über und über ausgemalt mit der »Erschaffung Adams«.

»Wir nennen es auch den Sixtinischen Smart.« Sein Grinsen provoziert mich langsam.

»Altar gibt es hier wohl keinen?«, zische ich.

»Aber doch, natürlich, mein Sohn.« Er schlägt kurz auf das Lenkrad. Mit lautem Zischen fährt der Airbag aus. Aber, oh Wunder! Nicht schnell, sondern ganz langsam. Aufgeblasen hat er genau die Form eines Altars. O. K., ich bin wirklich beeindruckt.

»Also, damit hätte ich jetzt nicht gerechnet«, staune ich.

»Ja«, sagt er ganz versunken. »Wir sind auch ausgesprochen dankbar, dass wir keine Brandopfer mehr darbringen müssen.«

»Aber was ist mit einer Predigt?«, fordere ich ihn heraus.

»Welches Thema wünschen Sie? Sünde, Vergebung, Auferstehung? Und welche Sprache? Ich spreche sieben Sprachen fließend, zwei weitere mittelmäßig und für Ungarisch, Serbokroatisch und Isländisch haben wir noch zwei Experten in Smart Nummer siebenunddreißig.«

Ich wähle eine Predigt über Vergebung (die werde ich nötig haben bei meinen Träumen).

Er zieht aus dem Stegreif einen Vortrag vom Leder, dass mir die Ohren flattern. Wäre ich Pastor, würde ich sofort weinend meinen Beruf aufgeben. Perfekt von A bis Z. Von der Einleitung bis zum Schluss in den Bann ziehend, theologisch einwandfrei, überzeugend, witzig, unterhaltsam und mit jedem einzelnen Wort absolut treffend.

Mir schwirrt der Kopf, als er zielsicher endet: »Was kann es nun noch für einen Grund geben, nicht an Jesus zu glauben?«

»Keinen!«, stammle ich leise. »Wenn ich mich jetzt gleich taufen lassen wollte, was müsste ich dann machen?«

Er drückt wieder einen Knopf und der Smart läuft in Sekundenschnelle bis zum Dach voll mit Wasser. Dann läuft es wieder ab. »Wir haben neuerdings auch Zusätze von Jordanwasser«, ist das Erste, was ich wieder höre. Ich bekomme einen Stempel auf die Stirn gedrückt: »Gläubig!«

»Wo kann ich jetzt noch unterschreiben?«, stammle ich.

»Wir haben Gemeindeaufnahmeanträge von Baptisten, Freichristen, freien Evangeliumschristen, Freien evangelischen Gemeinden, Landeskirchen evangelisch, katholisch, CZW...«

»Nein. Ich möchte einfach nur, dass Sie für mich beten.«

»Oh, Herr«, betet er. »Lass diesen jungen Schafskopf vernünftig werden und nicht im Perfektionismus versinken.«

Langsam wache ich auf, schweißgebadet. »Ich krieg das nicht hin, Herr, mit dem Evangelisieren. Ich werde nicht Smart-Pilot.«

Ich sinke zurück auf mein Kissen, bin todmüde und schlafe noch mal ein...

Wieder stehe ich auf dem Domplatz. Wieder stehen da die Smarts, und wieder ist da der junge Mann. Wieder steige ich ein. Ich sage leise: »Sorry, ich glaube, ich bin etwas verschwitzt, aber ich hatte gerade einen so fürchterlichen Traum.«

»Das ist nicht schlimm«, sagt er. »Wollen Sie mir Ihren Traum erzählen?«

»Wollen Sie mich denn gar nicht bekehren?«, frage ich misstrauisch.

»Darf ich?«, fragt er und legt mir sanft die Hand auf die Schulter. »Erzählen Sie mir doch einfach ganz in Ruhe, was Sie bedrückt.«

»Ich hatte so einen schrecklichen Traum«, beginne ich. Und dann erzähle ich und merke, wie alle Angst und aller Ärger langsam von mir abperlen. Ich bin ganz ruhig geworden und er hat gar nichts groß gemacht. Er war einfach nur da, und trotzdem geht es mir viel besser.

»Wenn Sie möchten, bete ich noch für Sie, und dann kann ich Sie nach Hause bringen. Dann müssen Sie sich nicht so hetzen«, sagt er, als ich fertig bin. Mehr nicht.

Irgendwo auf der Fahrt nach Hause wache ich auf.

Einige Tage später springt mir in einer christlichen Zeitung zufällig der Satz ins Auge: »Gott erwartet nicht, dass Sie vollkommen sind – aber er erwartet von Ihnen, dass Sie vollkommen ehrlich sind.«

Ich glaube, ich habe verstanden.

Der Mensch lebt nicht
vom Brot allein

Eines fasziniert mich wirklich, seit ich in unserer Gemeinde bin. Da gibt es eine ganze Menge Menschen, die immer wieder für andere da sind und – oft ganz im Hintergrund – dafür sorgen, dass die anderen sich wohlfühlen. Sie stehen in der Küche, kochen, damit andere in Ruhe ein Seminar besuchen können, spülen Berge von Geschirr, dekorieren Räume, tragen Tische und Stühle durch die Gegend.

Nun erinnern sich nicht nur Juden, sondern auch viele Christen immer wieder gern daran, dass Mose mit einem Stock ein ganzes Meer teilte. Leider erwarten sie mit dem gleichen starken Glauben, dass heutige Christen mit einem Kochlöffel und einem altersschwachen Herd ein Essen für siebzig Jugendliche kochen können.

Es war ein Freitagabend. Nach einer harten Arbeitswoche sanken wir voller Vorfreude auf das Wochenende in die Sessel. Das ist immer der Zeitpunkt, zu dem bei uns das Telefon klingelt. Diesmal die Frau des Hausmeisters unserer Gemeinde. Ob wir nicht ausnahmsweise helfen könnten, für die Gemeindejugend etwas zu kochen. Die geplante Köchin hätte sich den Arm gebrochen.

Meine Frau gehört zu den Hilfsbereiten. Ich bin ja eigentlich der Ansicht, die jungen Leute sollen mal lernen, sich selbst was zu brutzeln. Wäre ja 'ne gute Gelegenheit.

Bin ich das, der da spricht? Oder mein Opa?

»Klar machen wir das.« Der Freitagabend ist gerettet. Womöglich hätten wir noch essen gehen müssen oder gar tanzen. Brummel.

Man hatte uns geraten, etwa zwei Stunden vor Beginn des späten Abendessens in der Gemeinde zu sein. Zwei Stunden? Für Spaghetti mit Tomatensoße? Sind die völlig beklo...? Ich habe früher in einer Großküche gearbeitet. Mir kann man nix erzählen. Zwanzig Minuten maximal.

Um sieben Uhr setzen wir etwa zwanzig Liter Wasser auf.

Ob noch Zeit ist, mal oben bei den Jugendlichen zu gucken? Sicher! Wie das so ist, wenn man mal ins Quatschen kommt...die Zeit verrinnt.

Nach zwanzig Minuten fällt mir ein, dass das Wasser noch auf dem Herd steht. In Gedanken sehe ich dichte Nebelschwaden aus der Küche in den Gang ziehen, einen überquellenden Topf, verwässerte Kochplatten, nasse Böden und rase die Treppe hinunter durch den Gang.

In der Küche ist es friedlich. Zu friedlich.

Das Wasser im Topf simuliert einen ruhigen See bei absoluter Windstille. Nicht mal ein Hauch von Dampf.

Meine Frau kommt dazu. »Sag mal, kocht das Wasser noch nicht?«

»Nix.«

Ob der Herd abgeschaltet ist? Der Blick in den Sicherungskasten hilft nicht weiter.

»Vielleicht ist der so langsam!«

Wir stellen einen weiteren Topf dazu, Öl rein, warten (...), Hackfleisch, warten (...)

Also Anbraten kann man das nicht nennen. Pro forma rühre ich fleißig im Topf, wenn jemand in die Küche kommt. Mir ist langweilig. Ich halte inne. Lausche. Stille.

Also, wenn ich daheim Hackfleisch in heißes Fett schmeiße, spritzt es, es zischt, es macht Sauerei oder wenigstens Lärm. Irgendetwas passiert auf jeden Fall.

Nichts dergleichen.

Die Zeit verrinnt.

Ich spiele mit meiner Frau und einem weiteren Helfer Skat. Der Jugendpastor steckt verwundert den Kopf zur Tür herein. »Denkt dran, um neun brauchen wir das Essen.«

Die Uhr tickt.

Ich lüpfe ab und zu den Deckel vom Nudelwasser. Wenn es doch wenigstens ein ganz klein wenig dampfen würde. Auch das Hackfleisch lässt sich bitten.

Wie das so ist: Sein ganzes Leben hetzt Mensch durch die Lande, und dann ist plötzlich mal Zeit, und dann passt es einem auch nicht.

Ich hebe den Hackfleischdeckel, wedle mit der Hand in Richtung Nase, jauchze: »Schatz, riecht das nicht köstlich?«

»Ich rieche nichts«, brummt es zurück.

»Ich auch nicht«, gebe ich kleinlaut zurück. »Ich dachte, vielleicht stimmt mit meiner Nase was nicht.«

Wir sollten telefonieren gehen. Dabei brennt sonst jedes Essen an. Die Zeit verrinnt. Nach einer weiteren Viertelstunde sehe ich einen winzigen Nebelhauch im Kochtopf. So muss sich Noah gefühlt haben, als die Taube das Olivenblatt brachte. Das Hackfleisch gibt auch Geräusche von sich. Ich wage es, die Tomaten dazuzuschütten. Zumindest wissen wir jetzt, dass der Herd wirklich arbeitet. In der Jugend wird zwischenzeitlich fleißig diskutiert.

Ich gehe spazieren. Als ich wiederkomme, begrüßt mich meine Frau freudestrahlend: »Es kocht gleich.«

Der Jugendpastor steckt den Kopf wieder rein: »Noch zwanzig Minuten. Schafft ihr das?«

»Na hör mal, wir sind doch keine Anfänger.«

Als das Wasser so etwas Ähnliches durchführt wie köcheln, werfen wir kurzerhand die Nudeln in den Topf. Die Wassertemperatur sinkt mit einem Schlag knapp über den Gefrierpunkt. Das wird was geben. Labberige Nudeln. Wenn wir italienische Gemeindemitglieder haben, werden die sofort austreten. Nix al dente. Ob man Nudeln einfach im Wasser weichen lassen kann?

Zu allem Überfluss sind viel zu viele Nudeln im Topf. Wir stellen einen zweiten Topf mit Wasser auf. Vielleicht kocht der schneller.

Die Soße ist zwischenzeitlich tatsächlich gar geworden.

Der Jugendpastor kommt: »Es wird etwas später. Ist das schlimm?«

»Ach, wir werden die Nudeln schon irgendwie warm halten.«

ICH geb mir keine Blöße. ICH nicht! Meine Frau grinst. Sie hat in der Zwischenzeit Salat gemacht, Nachtisch, Käse vorbereitet, Gespräche geführt, vielleicht hat sie gebetet oder eine Bibelübersetzung gemacht. Ich weiß es nicht. Meine Gedanken kreisen alle um einen Topf mit trübem Wasser. Ich träume von einem ölbefeuerten Monsterherd.

Nach weiteren zwanzig Minuten muss das Essen auf den Tisch. Die Jugendlichen sind hungrig. Mir ist alles egal. Wir gießen die Nudeln ab. Wir werden sie schon nicht vergiften. Einige Jugendliche holen die Berge von Spaghetti, Soße, Salat.

»Wir sollten verschwinden, bevor sie was merken«, flüstere ich meiner Frau zu.

»Feigling!«, gibt sie zurück.

Ehe ich mich durch den Hinterausgang verdrücken kann, holt uns der Jugendpastor: »Kommt bitte mit hoch.«

Wir stehen vor etwa siebzig erwartungsfrohen, hungrigen, jungen Menschen.

»Die zwei haben heute Abend für euch das Essen zubereitet«, sagt der Jugendpastor.

Alle klatschen. Ich werde rot. Gleich wird alles rauskommen. Das Essen wird verteilt. Ich will raus hier. Jemand betet für alle. Das werden sie brauchen. Der Erste kostet.

»Hey, das ist gut. Lecker!« Das kann nicht sein Ernst sein.

Ich koste. Tatsächlich. Al dente die Nudeln. Lecker die Soße, der Salat. Unglaublich!

Ich bin sicher, das Beten hat geholfen und Gott hatte Einsehen mit uns. Wenn Jesus mit fünf Broten und zwei Fischen fünftausend Menschen satt macht, warum sollte es dann ein Problem für ihn sein, mit lauwarmem Wasser Nudeln kochen zu lassen?

Auf unsere Gemeinde lasse ich nichts kommen: Zwei Monate, nachdem ich eine Beschreibung unseres Erleb-

nisses im Gemeindebrief veröffentlicht hatte, wurde die Küche umgebaut, und nun gibt es tatsächlich einen Herd, der von selbst warm wird.

Eigentlich schade!

Wieder eine Gelegenheit weniger, Wunder zu erleben.

Danke für
das leckere Essen

*Beten Sie auch vor dem Essen? Nein? Ich schon.
Aber manchmal nur heimlich.*

Wir leben in einer Welt, in der wir alles, was wir brauchen, im Riesensupermarkt kaufen. Reis, angebaut in Indien, Kiwis aus Neuseeland oder Shrimps, gepult von irgendwelchen Menschen irgendwo auf der Südhalbkugel oder auf hoher See im Nordmeer. Was weiß denn ich. Es liegt in der Auslage. Ich zahle gutes Geld dafür. Das hat den Vorteil: Ich brauche nicht Danke zu sagen. Danke sagen ist unmodern. Man bedankt sich für Blumen. Beim Essen sagt man: »Hat geschmeckt.« Oder auch nicht. Das hat dem Koch zu reichen. Dem Herrgott auch? Wozu groß Danke sagen für das, was bei ALDI massenhaft in der Gegend rumsteht? So habe ich mal gedacht.

Für Christen ist das ja alles ganz selbstverständlich. Für Außenstehende gestehe ich es nur ganz leise: Inzwischen bete ich gern vor dem Abendessen. »Danke, dass wir so reichlich zu essen haben.« Die Tagesschau wird mir zeigen, dass das überhaupt nicht selbstverständlich ist.

Außerhalb der Familie bete ich *natürlich* nur heimlich. Falte unauffällig die Hände unterm Tisch, schließe für eine Sekunde die Augen, und »zup«, mein Gebet ist raus. Fast so schnell wie das Absenden einer E-Mail. Ab und zu beobachtet mich jemand dabei: »Sag mal, betest du vorm Essen?« Ich fühle mich ertappt und mache ein Gesicht, als hätte ich der Tischnachbarin heimlich ans Knie gegriffen.

Das mit dem Tischgebet habe ich erst von meiner Frau gelernt. Für sie war das normal. Ich fand es am Anfang erst mal komisch. Beten vor dem Essen? Danke sagen? Und das auch noch laut? Unglaublich.

Natürlich zanken die Kids vorm Essen am liebsten und lautesten, weil hungrige Kinder fast so schlimm sind wie hungrige Männer. »Könnt ihr euch nach dem Gebet weiterprügeln?«, schlage ich dann vor und es wird ruhiger. Die Gebete der Erwachsenen sind etwas feierlicher. Die der Kinder witzig: »Danke, dass es heute nicht geregnet hat und für das neue Computerspiel, und gib, dass der Salat vom Hagel erschlagen wird, eh er bei uns auf den Tisch kommt, oder dass er zumindest besser schmeckt als gestern.« Alle sagen »Amen« außer dem, der gestern den Salat gemacht hat.

Ich finde das klasse. Warum eigentlich nicht? Warum immer die große Feierlichkeit? Warum nicht für die kleinen Dinge beten wie für die großen? Warum nicht öfters mal Danke sagen für die nur scheinbar natürlichsten Dinge der Welt? Manchmal bedanke ich mich, wenn ich in Wiesbaden einen Parkplatz finde. Was? Kleine Dinge? Das ist fast schon ein Wunder. Wenn ich (nur) fast einen Unfall gebaut habe und mich dann bei Gott bedanke, ist es schon gar keine Kleinigkeit mehr.

Doch zurück zum Essen: Wer je allein gelebt hat, weiß es zu würdigen, wenn jemand ein Essen kocht und dazu noch Kerzen anzündet. Kein Grund, Danke zu sagen? Und wenn es dem Herrn gefallen hat zu veranlassen, dass der Schwager von meinem Italiener um die Ecke den köstlichsten Montepulciano weit und breit keltert, sollte ich dann nicht dem Italiener UND dem Herrgott danken, dass sie mir das Abendessen versüßen? Probieren Sie mal ein Glas. Das nächste Tischgebet spricht sich wie von selbst.

Was tun im Gottesdienst?

Manche Menschen haben manche Macken. So gibt es Menschen, die zucken mit den Mundwinkeln. Andere gar mit dem ganzen Kopf. Andere kauen auf den Fingernägeln oder den Lippen herum. Es gibt Leute, die bohren, wenn sie sich unbeobachtet fühlen, in der Nase. Andere wiederum schnurpsen; falls Sie nicht wissen, was das ist: Es ist ein Mittelding zwischen Nase hochziehen und gleichzeitig ausatmen und bedarf jahrelanger Übung.

Auch ich habe eine Macke. Ich muss immer und überall ein Buch dabeihaben. Darin liegt die Angst, es könnte wertvolle Zeit vergeudet werden. Zum Beispiel mit dem Auto im Stau oder an der Ampel, beim Arzt im Wartezimmer oder auf dem stillen Ort.

Aus reiner Gewohnheit wollte ich neulich einen Roman mit in den Gottesdienst nehmen. Meine Frau war irritiert: »Sag mal, wolltest du das während der Predigt lesen?« »Wieso?«, entgegnete ich. »Ich habe noch nie während der Predigt einen Roman gelesen. Im Deutschunterricht unter der Bank früher schon. Aber noch nie während der Predigt. Ehrlich!« Ich war etwas ratlos. Es gibt tatsächlich keinen Grund, einen Roman mit in den Gottesdienst zu nehmen. Aber ohne Buch fühle ich mich so nackt. Also nahm ich wenigstens die Bibel mit.

Der Gottesdienst beginnt. Während vorne ein Klaviersolo gespielt wird, schweift mein Blick durch die Reihen. Was die Leute so alles treiben sonntagmorgens zwischen zehn und elf. Ja, können die denn nicht mal eine einzige Stunde ruhig sitzen, ohne etwas zu tun? Meine Nachbarin blättert leise im neuen Gemeindebrief *Einblick*. Das kann sie doch wirklich nachher machen. Da vorne spickt jemand im Programm der Gemeindeversammlung. Zu Hause wohl keine Zeit gehabt, was? Ein anderer fingert in seiner Tasche nach Gummibärchen. Hinter mir schiebt sich wer mit einem langen aufgerollten Kabel an der Wand entlang und verschwindet dann in einem Nebenraum. Als der Chor singt, macht jemand Fotos von seiner Tochter im Chor. Was soll denn das? Er sieht sie doch nachher beim Mittagessen.

Das ist doch unglaublich. Ich fange an, mir Notizen zu machen. Dreimal steht vorne links jemand auf und geht nach draußen. Sextanerblase, was? Oder Kettenraucher.

Hinter dem Pastor geht die Tür auf. Der Hausmeister steckt den Kopf durch. Wenn er jetzt anfängt, die Kanzel zu reparieren, gehe ich. Er gibt ihm eine Nachricht. Jemand steht in der Einfahrt und muss weg. Jetzt müssen sie auch noch Autos umparken während der Predigt. Nehmt meinen Schlüssel gleich mit und tankt bitte mein Auto. Ja, voll. Super, bitte!

Der Pastor nimmt es gelassen und baut es in die Predigt ein. Die Gemeinde schmunzelt. Kompliment.

Der Kabelträger kommt aus dem Nebenraum zurück.

Ich denke an meine frühere Kirche. Da saßen immer alle still auf ihren Bänken und haben zugehört. Weil das dazugehört. Sagt doch schon das Wort. Da hätten sich nicht mal Ökofrauen zu stricken getraut. Bis damals der junge Vikar kam, sich in die Bank lümmelte und meinte: »Ich will mich schließlich wohlfühlen in der Kirche meines Vaters.« Das löste damals viele Diskussionen aus.

Aber hier. Überhaupt keine Ehrfurcht.

Die Gedanken spinnen so durch meinen Kopf und wollen einfach keine Ruhe geben. »Ja«, sagt der Pastor. »Lasst uns nun noch etwas Zeit nehmen, über das Gehörte nachzudenken.«

Wie, was, über das Gehörte? Ist es schon vorbei oder was? Die letzten zehn Minuten war ich wohl nicht so recht bei der Sache.

Die Frau mit dem Gemeindebrief sieht so aus, als wenn sie ganz konzentriert zugehört hätte. Der *Einblick* liegt immer noch aufgeschlagen neben ihr. Frauen können halt zwei Dinge gleichzeitig machen. Aber auch der Gummibärchen-Mann betet. Der Hausmeister sitzt wieder vorne in der Bank. Er hat die Hände gefaltet. Sieht entspannt aus. Wenigstens ein gutes Werk hat er heute getan.

Alle haben sie heute was mitgenommen. Mit Gummibärchen, *Einblick* und Kabeltrommel. Nur ich habe meinen düsteren Gedanken nachgehangen und werde mir die Predigt noch mal auf CD anhören müssen.

Es tut einen Schlag. Meine Bibel ist vom Platz gefallen. Während ich sie unter meinem Stuhl zu erfingern versuche, schlägt sie sich fast von selbst auf.

Mein Blick fällt auf Matthäus 7,1-5: »Warum regst du dich über einen Splitter im Auge deines Nächsten auf...«

Für mich bitte
noch einen Kaffee

Für manche Menschen ist Gottesdienst ein Dienst. Man quält sich morgens aus dem Bett, setzt sich in die Kirche und hat für diese Woche seinen Teil geleistet. Für andere ist Gottesdienst eine wirkliche Begegnung mit Gott, alles andere ist störendes Beiwerk. Für Christen in lebendigen Gemeinden ist der Gottesdienst etwas Besonderes und gleichzeitig ein fester Event am Sonntag. Allerdings kann es manchmal eine Mischung aus Gottesbegegnung, Opernbesuch und anschließender Party im Freundeskreis werden, wenn man nicht aufpasst. Vorsicht: Stressgefahr! Außerdem: Versuchen Sie mal, mit einer mehrköpfigen Familie rechtzeitig in die Oper zu kommen.
Viel Spaß!

In einem der letzten Gottesdienste wurde die Frage gestellt: »Was fällt dir ein, wenn du an Gemeinde denkst?«

Ich legte mich seinerzeit in meinem reservierten Gemeindefernsehsessel zurück, schloss die Augen, und ein Bild erschien. Gemeinde bedeutet: Ich stehe vorne im Foyer und trinke Kaffee!

In der Bibel finde ich auch nach intensiver Suche nichts über Kaffee. Irgendwas ist falsch. Ich will herausfinden, was. Also beobachte ich mich selbst am nächsten Sonntag:

Morgens aufstehen. Frühstück machen. Kinder wecken. Warten. »Frühstück!« rufen. Warten. In die Zimmer rennen. Sagen: »Frühstück ist fertig.« Warten. Fragen: »Wollt ihr denn nicht in den Gottesdienst?« Hören: »Doch, natürlich.« Warten. Dann schnell frühstücken. Abräumen. Auto anwärmen. Warten. Wenn alle da sind: Beten, dass uns die Polizei auch diesen Sonntag nicht blitzt.

Standardspruch des Sonntagmorgens: Gib DÜSE!!!

Mit achtzig die Zufahrt zur Gemeinde entlang. Parkplatz suchen. Punkt zehn auf den letzten Drücker in die Gemeinde hetzen. Vom Begrüßungsdienst Gummibärchen und Liederbuch abholen. Platz suchen. Dankgebet, dass mich noch kein Herzschlag ereilt hat. Lied. Kollekte. Portemonnaie auf. Ach du je, was ist das denn? Vorne fünfundzwanzig Cent und hinten nur noch ein Zehn-Euro-Schein. Kämpf.

Aber dann endlich: Anbetungslieder, Predigt, Gebet…

Jesus versucht, mich zu erreichen, klopft an. »Ja«, sage ich. »Ich bin da. Ich höre.« Für genau die Dauer der Predigt bin ich dabei. Und sogar noch fünf Minuten Zeit der Stille werden mir heute danach geschenkt.

Ups, das nächste Lied. Und dann flott die Ansagen: Veranstaltung hier, Orga da. Fast wie zu Hause.

»Hast du gewusst, dass nächste Woche schon wieder Gemeindeversammlung ist?«, frage ich leise meine Frau.

»Wieso *schon wieder*?«, flüstert sie genervt.

»Da bin ich verabredet. Mist.«

»Dann ruf nachher an und verschieb's.«

Jetzt muss ich da auch noch drandenken. Knoten ins Taschentuch.

Was hat er noch gleich gesagt da vorne?

»Wir stehen nun auf zum Segen.«

»Ja, Ihnen auch einen schönen Sonntag.«

Was für eine schöne Predigt. Ach, da sind ja auch die Müllers. Ja, die Kinder können sich morgen gerne treffen. Ich muss noch zum Pastor. Will ihm sagen, dass die Predigt heute super war, und dass sie mich angesprochen hat. Ja, Erwin, wie sieht es aus bei euch mit dem Haus? Oh, das tut mir leid. Hallo, Paul. Ja, Kaffee wäre schön. Ist schon wieder alles leer? Schau mal bei den Senioren. Da ist meist noch was. Super. Danke. Ja, Milch auch. Und Zucker bitte zehn

Stück, aber nicht umrühren, sonst wird's zu süß. Kanntest du schon, den Witz!? O. K. Magst du auch 'ne Tasse? Was bin ich heute wieder höflich. Du, warte mal, ich hole mir nur schnell noch 'ne CD von der Predigt. Wenn das nur nicht so laut wäre hier. Ja, da müssten sie mal was machen. Ich wollte noch an den Büchertisch. Hallo, Kind, was? Wann wir fahren? Jooo, so viertel Stunde noch. Ja? Wo waren wir stehen geblieben? Mit deiner Arbeit, das ist ja wirklich blöd. Du, ich muss noch mal schnell zur Oma rüber, weil wir uns doch am Samstag alle treffen. Ach, Moment, ich wollte ja noch den Presseartikel vom letzten Themengottesdienst haben. Was, Kind, was ist denn schon wieder? Wir wollten jetzt fahren? Wie, ist die Viertelstunde schon rum? Ja, geh halt vor zum Auto…

STOOOOOOPPPPPP!

Ein Engel reicht mir die Fernbedienung. Erst stelle ich den Ton ab. Dann drücke ich auf Rücklauf.

Wir stehen in Ruhe auf. Fünf Minuten stille Zeit. Beten zusammen. Zum Frühstück sitzen alle zusammen. Wir räumen zusammen ab. Fahren in Ruhe in die Gemeinde. Weil wir früh ankommen, sind noch Parkplätze frei. Wir begrüßen liebe Menschen und setzen uns in Ruhe in den großen Saal. Wir beten noch mal. Dann beginnt der Gottesdienst. Gespannt folgen wir der Predigt. Nach dem Segen gehen wir gelassen und friedlich schweigend zur Tür. Dort steht jemand, der uns die Fragekärtchen in die Hand drückt. Wie alle anderen auch beantworten wir die obligatorischen zehn Fragen zur Predigt, damit wir noch mal drüber nachdenken. Denn vorher gibt es keinen Kaffee. Dann stellen wir uns an die Stehtische, freuen uns, dass liebe Menschen etwas vorbereitet haben, und genießen das Extrakt der Kaffeebohne, das der Herr uns geschenkt hat. Und dann sprechen wir über Gott…

Mir wird etwas Wasser ins Gesicht geschüttet. Wie im Nebel höre ich Gesprächsfetzen. »Er kommt wieder zu sich.«

»Ich glaube, er ist zusammengebrochen.« »Er hat irgendwas von STOP gerufen, habe ich gehört.« »Vielleicht hatte er eine Vision.« »Hoffentlich wird er wieder normal.«

Ja, das hoffe ich auch!

Sie sind
herzlich eingeladen

Fromme Christen beginnen mit der Zeit, eine ganz eigene Sprache zu entwickeln. Warum sie das tun, wissen sie selbst nicht. Christliche Anfänger merken das wenigstens noch. Kaum aber, dass sie tiefer in die Materie einsteigen, geben sie mitunter, ohne es zu wollen, die seltsamsten Dinge von sich.

Es war ein Sonntag, der seinem Namen alle Ehre machte. Ich hatte den Gottesdienst moderiert. Das ist ein Dienst, der mir zwar sehr viel Freude macht, mir aber nach wie vor die Schweißperlen auf die Stirn treibt, bis der letzte Satz gesprochen ist, und darüber hinaus noch, bis ich die Rückmeldung habe, dass ich mir zumindest keinen groben Schnitzer geleistet habe.

Kaffee im Foyer. Runterkommen. Da tritt F. auf mich zu: »Jede Kritik an der Moderation liegt mir fern«, beginnt er. Verdächtig. Sofort rattert mein Hirn herunter, welche Info-Programm-Punkte ich vergessen haben könnte, welche Regeln ich womöglich missachtet habe. Bin mir im Moment aber noch keiner Schuld bewusst. »Weißt du?«, sagt er. »Mir fällt etwas auf. Da sitzt man friedlich auf seinem Stuhl, wartet auf die Botschaft, und dann schreckst du einen auf mit den Worten: ›Wir singen das Lied soundso und ich lade Sie ein, dazu aufzustehen!‹«

»Und?«, frage ich mit vorgeschobenem Kinn. »Du kannst doch sitzen bleiben.«

»Nein«, sagt er. »Was ich meine: Wieso lädst du mich zum Aufstehen ein? Ich sage dir was: Kürzlich war ich in einer Gemeinde, da sagte der Pastor: ›Ich lade euch ein, nach dem Mittagessen die Bibel zu nehmen und darin nachzulesen.‹

Sag selbst, das ist doch Unfug, es sei denn, er würde mich einladen, zu ihm nach Hause zu kommen und dort in seiner Bibel zu lesen – und ich werde dabei mindestens mit Käse und Wein bewirtet.«

Ich bin zunächst ratlos.

Doch er lässt nicht locker: »Einladen verbinde ich damit, jemandem etwas Gutes zu tun. Wenn wir alle während der Predigt stehen müssten und am Umfallen wären, könntest du sagen: ›Liebe Gäste, ich lade euch ein, euch beim nächsten Lied hinzusetzen.‹ Das ergäbe wenigstens einen Sinn.«

»Nein, ich bin nicht einverstanden«, gebe ich zurück. »Wir sitzen eh die ganze Zeit; wenn wir aufstehen, ist das gut für den Kreislauf, und außerdem gehört sich das bei der Anbetung eigentlich überhaupt aufzustehen.«

»Ja, aber du machst doch nichts für mich. ICH muss ja aufstehen. Wieso lädst du mich ein? Würdest du sagen: ›Liebe Gemeinde, jetzt spreche ich den Segen und hinterher lade ich Sie alle zum Eis ein‹, wäre das korrekt. Nein, für das Einladen zum Aufstehen müsste ich als Lehrer ein A für Ausdruck an die Seite schreiben.«

Ich kann seine Kritik nicht so stehen lassen, obwohl ich ahne, dass er nicht völlig unrecht hat: »Ich lade zwar nicht zum Eis ein, aber wenn ich zum Kaffee nach dem Gottesdienst einlade, ist das wenigstens korrekt?«

»Nein, *du* lädst ja gar nicht ein. Es ist die Gemeinde, die zahlt, und das Kaffeeteam, das ihn kocht. Und nach deiner Logik«, ereifert er sich, »wäre es nur korrekt zu sagen: ›Liebe Gemeinde, wir trinken jetzt alle einen Kaffee, und hinterher lädt das Küchenteam Sie ein, gemeinsam zu spülen.‹«

Mein Kaffee ist kalt geworden. Ich werde heute überhaupt niemanden mehr zu irgendetwas einladen, sondern mich mit einem Duden ins Bett legen und meine Sprachsünden bereuen. Ich bin beleidigt!

Ich habe mich in meinem Büro eingeschlossen und lese im Duden. Dort steht unter »einladen«: Siehe »spendieren«.

Und bei »spendieren« wird es richtig spannend: »Jemanden aushalten, einen ausgeben, etwas springen lassen«. Hey, das klingt schon richtig gut.

Doch es kommt noch besser: »Etwas springen lassen, in Geberlaune sein, seinen sozialen Tag haben, die Spendierhosen anhaben.« Jetzt muss ich F. doch recht geben. Wie würde die Gemeinde reagieren, wenn der Moderator sagen würde: »Liebe Gemeinde, heute habe ich meinen sozialen Tag, deshalb stehen wir jetzt bei dem nächsten Lied auf.« Grammatikalisch und laut Duden wäre das korrekt. Zumindest so korrekt wie die Einladung. Und dann geht es weiter: »Weil wir heute unsere Spendierhosen anhaben, gibt es nach dem Gottesdienst Kaffee.« Ich bin sicher, unsere Besucherzahlen würden steigen.

Doch der Duden lässt mich nicht los. Die letzten Anmerkungen lauten: »Spendieren – siehe: spenden, siehe: Gönner, siehe: Trinkgelage.«

Oha! So habe ich das mit dem Kaffee noch gar nicht gesehen.

Ich schlage den Duden jetzt zu und lade Sie herzlich ein, beim nächsten Gottesdienst zu uns in die Gemeinde zu kommen. Sollte ich die Moderation haben und Sie meinen, ich würde Unfug reden: Machen Sie mich ruhig darauf aufmerksam. Ich bin steigerungsfähig.

Mission: Impossible

In der Gemeinde, in der ich konfirmiert wurde, gab es gute Seelen, oft Frauen, die sich um alles kümmerten, das Gemeindefest und den Basar organisierten, Kuchen backten, mit Musik begleiteten und erledigten, was sonst noch alles anfiel. Das gibt es in freikirchlichen Gemeinden auch alles. Es gibt aber auch solche, die verbringen viel Zeit damit, sich Gedanken zu machen, wie Gottesdienste so gestaltet werden können, dass neben den Gemeindegliedern auch Menschen, die mit Christus gar nichts »am Hut« haben, neugierig werden, was Gott ihnen so alles zu sagen hat.

So ein Gottesdienstteam ist kreativ und macht Freude. Allerdings neigen manche Menschen dazu, es mit der Kreativität etwas zu übertreiben.

Ein schrecklicher Tag liegt hinter mir. Mürrische Kollegen. Unfreundliche Kunden. Ein unzufriedener Chef. Und draußen... Nebel, kalt und feucht. Ein Wetter für jemand, der Vater und Mutter erschlagen hat. Und dann noch der Stau auf dem Heimweg. In dieser Laune kann ich mich meiner Frau nicht zumuten. Heute hilft nur mein Freund Martin. Er ist schon lange Christ, stellt trotzdem grundsätzlich erst mal alles infrage, was ihm begegnet, und man kann richtig Spaß mit ihm haben. Ich habe mich bei ihm zum Essen eingeladen.

Wie immer bin ich zu spät, bekomme trotzdem einen Aperitif und eine kleine Köstlichkeit brutzelt im Ofen vor sich hin. Die Stimmung versöhnt mich mit dem Tag.

»Sag mal, du bist doch im Gottesdienstteam!?«, beginnt er die Unterhaltung.

»Also, ich bin nur ein kleiner Teil von vielen, und außerdem bereiten wir nur die Gästegottesdienste vor.«

»Was heißt hier Gästegottesdienst? Bin ich jetzt nicht mehr angesprochen, oder was?«, korrigiert er mich.

»Nein, so ist das nicht gemeint. Wir haben uns im Team schon auf den Begriff ›Besondere Gottesdienste‹ geeinigt. Ist das so O. K. für dich?«, verteidige ich mich leicht genervt.

Ehe ich etwas weiter erklären kann, rückt er konspirativ an mich heran: »Wir müssen endlich mal was Neues machen im Gottesdienst.«

»Wieso, was meinst du?«, frage ich vorsichtig.

»Na ja, die Aktion mit den Smarts, kleinste Kirche der Welt, damals, das war ja ganz nett. Und das Auto, das ihr in den Gottesdienstraum geschoben habt, auch. Aber ein richtiger Knaller wäre es gewesen, wenn der Smart von selbst vor die Kanzel gefahren wäre.«

»Martin, erinnerst du dich daran, als mal jemand beim Theaterspielen so getan hat, als würde er an der Kanzel rauchen? Drei Fast-Herzinfarkte. Fünf angedrohte Gemeindeaustritte.«

»Ach, was«, wischt er die Bedenken vom Tisch. »Wir brauchen frische Aktionen, die hinterher in der Zeitung stehen. Dann kommen die Leute wieder in die Kirche. Lautes Geknatter, Abgase, damit man was spürt. Das beeindruckt.«

»Au ja«, kontere ich, »und dann singt die Gemeinde: ›Kommt, atmet auf …‹«

»Quatsch, du musst in großen Dimensionen denken. Als ihr die Musik von diesem Actionfilm gespielt habt, *Mission: Impossible*, da hätte sich der Pastor von der Empore abseilen müssen. Was sag ich, einer? Beide! Einer rechts, einer links. In den Händen das Buch *Das Abenteuer, nach dem du dich sehnst*. Das wäre authentisch gewesen. So erreicht man die Leute.«

»Martin«, entrüste ich mich. »Wir sind eine Gemeinde, wir verkaufen kein Waschmittel und wir sind nicht auf Kundenfang, wir wollen Menschen für Jesus begeistern.«

»Papperlapapp, ich bin auch Christ, das ist eine gute Sache, und die muss verkauft werden.« Meine Nackenhaare stellen sich langsam auf.

»Überhaupt, wir müssen was bieten.« Er trinkt den nächsten Schluck Sherry. »Auch die Ausstattung muss verändert werden. Der Babyraum müsste umgebaut werden. Großbildschirme für die Eltern, damit sie den Gottesdienst besser mitbekommen.«

»Das fände ich jetzt auch nicht schlecht«, besänftige ich ihn.

»Nein, warte! Ich hab's: Bildschirme für die Kinder, damit die Eltern in den Gottesdienst gehen können. Ordentlicher Comic. Stöpsel ins Ohr. Ruhe ist!« Martin fängt an aufzudrehen. »Und im Kindergottesdienst Riesenleinwände. Video. Überall Beamer. Multimedia. Und im Gottesdienstraum Dolby Surround. Bekannte christliche Bands spielen jeden Sonntag. Das Deko-Kreuz kommt runter, stattdessen werden großformatige Bilder von Künstlern aufgehängt. Natürlich nur von namhaften! Kunst im Gotteshaus. Ist doch toll. Und nach dem Gottesdienst heiße und kalte Getränke aller Art und statt ab und zu Gebäck und Knabberwaren im Foyer ein ordentliches Gemeinde-Restaurant. Da kochen Fernsehköche. Fahrdienst mit Bussen aus der Innenstadt...«

»Martin...«

»Ja?«

»Wie bist du eigentlich Christ geworden?«

»Warum fragst du?«

»Sag mal.«

»Mich hatte damals jemand in den Gottesdienst eingeladen. Da ging's mir doch so schlecht zu der Zeit. Und die Predigt hatte mich irgendwie angesprochen... und... dann... ich erinnere mich noch, wie sich der Ansager versprochen hat. Alle haben gelacht und er selbst am meisten, als er es merkte. Das war so lebendig, so echt. Und dann hat mich doch hinterher das eine Ehepaar angesprochen. Irgendwie waren sie alle so nett hier, und...«

»Martin, und ich dachte immer, du hättest zu uns gefunden, weil wir so eine perfekte Gemeinde sind.«

»Ach nein«, windet er sich.

Dann stutzt er und schnuppert plötzlich in die Luft: »Mist, ich habe den Backofen vergessen!«

Er rast in die Küche und kommt mit einem kleinen Bräter in den Topflappen-Händen zurück. »Na ja, eine Spur zu dunkel geworden. Ich hoffe, es schmeckt dir trotzdem.«

»Ich habe zwar einen Bärenhunger«, frotzele ich. »Aber wenn es nicht perfekt ist, esse ich doch lieber woanders.«

»Ich dachte eigentlich, du wärst meinetwegen gekommen«, sagt er kleinlaut.

»Merkst du was, Martin?«

»Isch abbe
gar keine Auto«

Wenn man an der eigenen Familie, Gemeinde, Partei oder Arbeitsstelle etwas kritisiert, wird man schnell als Nestbeschmutzer abgetan.
Wenn man über die gleichen Vorkommnisse Satiren schreibt, erhält man mit etwas Glück den Hofnarrenstatus. Sogar in der Gemeinde. Das ist bedeutend besser. Allerdings tauchen da Versuchungen aller Art auf.

Es ist Sonntag. Ich bin auf dem Weg zwischen Küche und Hinterausgang der Gemeinde, als sich blitzschnell die Tür von der Bibliothek öffnet. Ein Mann mittleren Alters zieht mich in den Raum. »Du schreibst doch für den Gemeindebrief? Du musst etwas für mich schreiben. Über die Parkplatzsituation. Ich zahle jeden Preis!«

Sofort tauchen Dollarzeichen vor meinen Augen auf. Schließlich bin ich Kaufmann. Aber auch Christ. Schwere Übung. Also verscheuche ich alle unreinen Gedanken und spüre durch den Nebel: Hier ist ein Mensch in Not.

Seine Erregung verstehe ich allerdings nicht.

»Pass auf!«, sagt er und drückt mich auf einen der herumstehenden Stühle. »Stell dir vor, du willst sonntags unbedingt die Predigt hören, hast aber hinterher einen Termin. Der Gottesdienst dauert wieder etwas länger als erwartet, und nun hast du es eilig, richtig eilig, nein, noch eiliger. Du willst schnell raus, weil der Termin drängt, schaust auf die Uhr, deren Zeiger sich bedrohlich in Richtung deines Termins verschoben haben. Du verzichtest auf Kaffee und Gespräch und stürzt vor die Tür und musst feststellen: Dein Auto ist zugeparkt! Von einem Christen!

Das ist mir jetzt dreimal passiert. Dann kann ich durch die ganze Gemeinde rennen und diesen... (jetzt sagt er etwas völlig Unchristliches) suchen. Ich sag dir was: Ich könnte zur Axt greifen. Ich träume von der Ansage: ›Der Fahrer des Kfz WI-XYZ möge bitte umgehend zu den Trümmern seines Fahrzeugs kommen.‹« Seine Augen funkeln bösartig. »DAS wäre mir ein Fest.«

»Also, so geht das nicht«, entgegne ich schwer moralisch. »Mit unserem heutigen Predigtthema ›Liebe in Aktion‹ hat das aber nichts zu tun.« Wie immer, wenn ich selbst nicht betroffen bin, versuche ich, Verständnis für alles und jeden zu wecken: »Schau mal«, versuche ich, ihn zu beruhigen. »So schlimm ist das doch nun auch nicht. Nimm es doch gelassen. Erinnerst du dich noch an die Werbung von der einen Kaffeefirma? Also: Sie, die hübsche, junge Frau, muss irgendwohin, ist viel zu spät dran, hat es daher tierisch eilig, zieht die Wohnungstür zu, rennt die Treppe hinunter, ist außer Atem. Läuft durch einen engen, etwas heruntergekommenen Hinterhof auf die Straße zum Parkplatz. Doch, oh Schreck (Großaufnahme ihres bestürzten Gesichts): Sie ist zugeparkt. Nein!!! Sie rennt die Treppe hoch, klingelt beim Nachbarn Sturm. Er, der große Italiener mit den schönen, dunklen Augen, öffnet. ›Können Sie bitte Ihr Auto wegfahren!!!???‹ Doch er reagiert gar nicht, bedeutet ihr, in der Küche Platz zu nehmen, und dann bereitet er ihr den köstlichsten der köstlichsten Cappuccinos zu, natürlich von der beworbenen Kaffeemarke. Sie hält inne, atmet durch, genießt den Cappuccino, und dann erst bittet sie ihn, doch das Auto wegzufahren, worauf er sie anschmachtet und sagt: ›Signora, isch abbe gar keine Auto.‹«

»Was für ein Quatsch!«, poltert er los. »Wenn sie es eilig hat und der Kerl in Verdacht steht, sie zugeparkt zu haben, kann er noch so schön aussehen. Sie würde hochgehen, gegen die Tür treten, und wenn er aufmacht, würde sie ihn am Hemdkragen packen. ›Du fährst jetzt dein Auto weg!‹, würde sie ihn anherrschen. Und wenn er mit Cappuccino angerückt käme, würde sie seinen Kopf so lange ins Spülbecken tunken, bis er den Autoschlüssel rausrückt. Dann würde sie ihn die Treppe herunterschleifen und es würde sie nicht im Geringsten interessieren, ob er ein Auto hat oder nicht, er WÜRDE es wegfahren! So sieht es aus!«

»Ja, du hast recht«, lenke ich ein, um ihn etwas zu beruhigen. »Das mit dem Parken ist Mist. Im letzten Gottesdienst wurden ja schon Parkplatzordner gesucht, die das in Zukunft regeln sollen.«

»Die«, kontert er, »sind für den Parkplatz der Schule gegenüber, den wir die ganzen Jahre benutzen durften, und von dem wir vermutlich bald vertrieben werden, weil diese ... (wieder völlig unchristlich) trotz der zehnten Ansage alles zuparken. Das Schlimmste ist: Ich rege mich so auf, dass ich mich gar nicht mehr auf die Predigt konzentrieren kann.«

»Nein, das soll nicht sein.« Jetzt ist meine Fantasie geweckt. »Vielleicht sollten wir von den Jugendlichen unserer Gemeinde welche zu Ordnern berufen. Statt am PC Ballerspiele zu spielen – machen christliche Jugendliche natürlich gar nicht (grins) –, kriegen sie eine riesige Pumpwasserpistole mit Zweilitertank in die Hand gedrückt. Wer sich nicht an die Regeln hält, kriegt erst mal eins übergebraten. Bei Wiederholungstätern wird das Wasser zusätzlich mit roter Farbe versehen.«

Er ist begeistert: »Das ist gut. Falschparker wird man ab sofort an der nassen Kleidung erkennen. Ich werde noch heute einen Antrag an die Gemeindeleitung stellen.« Dann jedoch zögert er: »Du, aber so richtig christlich ist das ja nicht, oder?«

»Och, weißt du«, sinniere ich. »Du findest wieder Frieden mit deinen Mitmenschen, die Jugendlichen sind an der frischen Luft, retten nicht mehr die virtuelle Welt vor Monstern, sondern die Gemeinde vor Falschparkern, und wenn du jemanden nach dem Gottesdienst mit nassen Hosen und nassem Hemd im Foyer stehen siehst, gehst du hin, bietest ihm den köstlichsten der köstlichsten Gemeindekaffees an, schaust ihm in die Augen und sagst mit original italienischem Akzent: »Signore, es wärrre besser, Sie hätten gar keine Auto.«

Christliche Männer
sind stark

Christliche Männer sind stark. Sie stechen hervor. Aufrecht stehen sie. Wie Eichen auf einem freien Feld. Wind und Wetter zum Trotz. Die Bibel gibt uns da eine Menge Vorbilder. Abraham. Ja! Mose. Ja! Adam. Nee, der hat's verbockt. Aber König Salomo. Und natürlich Paulus. Doch Vorsicht, sie hatten alle auch ihre schwachen Seiten.

Auch heute noch stellt das Leben christliche Männer vor Herausforderungen. Im täglichen Kampf auf dem Schlachtfeld der Arbeit. Oder wenn sie unter Berufung auf das Alte Testament mit Axt und Schwert ihre Familien gegen zänkische Nachbarn verteidigen. Oder in der Familie das letzte Wurststück mit Messer und Gabel. Doch das sind alles Scheinkämpfe. Als Christen geben sie natürlich im Zweifelsfall nach und halten die andere Wange hin.

Richtige Herausforderungen gibt es nur unter Gleichgesinnten in der wilden, ungezähmten Natur. Möglich machen es die »Männerfreizeiten« unserer Gemeinde. Doch dieses Wort ist völlig fehl am Platz. »Christliches Überlebenstraining.« Das wäre ein passender Begriff.

In den letzten Jahren schon wurden die ungestümen europäischen Ströme mit dem Kanu bezwungen. Wie Überlebende berichteten, brach das Wasser wie aus Geschossen von allen Seiten hervor, und der Himmel hatte seine Tore geöffnet, nicht um die tapferen Kanuten zu verschlingen, sondern um sie zu schleifen, zu formen.

Die Herausforderungen steigen. Nordsee ist Mordsee. An den wildesten Stellen dieses nahezu unbezwingbaren Gewässers hatten wir ein Schiff gechartert. Nicht ödes Erdöl sollte uns bewegen. Leinentuch und der Wind allein. Wir wollten das alte Wort von der »christlichen Seefahrt« neu beleben.

Doch zwanzig Männer wollen versorgt werden. In einem kurzen Vorgespräch wurden zwei Köche, weitere mit Messern bewaffnete Kräfte, Einkäufer, Bierkutscher etc. rekrutiert.

Eine Woche vor der großen Fahrt fand ein Gottesdienst auf freiem Feld statt, gemeinsam mit den Familien, die zurückbleiben würden. Die Frauen verbargen ihre Tränen und die Kinder versteckten sich ängstlich in deren Röcken. Nach Predigt und Gebet trafen sich die Männer, um in kurzen, knappen Worten die Rahmenbedingungen der Verpflegung festzulegen. Aller Zensur zum Trotz hier ein kleiner Einblick:

E: »Sag mal, was sollen wir eigentlich noch alles besorgen für den Segeltörn?«

D: »Wir haben dir doch die Liste gemailt.«

E: »Ja, das hab ich schon bekommen, aber wie sieht es mit dem Frühstück aus? Was esst ihr so?«

D: »Ja, also ich hätte es schon gern so wie zu Hause. Käse, vielleicht ein bisschen Wurst.«

E: »Ich bringe noch ein wenig Marmelade mit und Nutella.«

D: »Du, ich vertrag leider morgens nichts Süßes. Da krieg ich immer Durchfall. Und nicht zu knapp.«

E: »Das ist jetzt nicht dein Ernst?«

D: »Nee, echt, du, die Bauchspeicheldrüse macht das nicht mit. Ist gar nicht gesund. Hab da mal 'nen Bericht gelesen.«

U: »Also, ich will euch ja nicht unterbrechen, aber ich fänd ein Müsli schon besser. Ich find das von Dr. Oetker ziemlich lecker.«

D: »Bist du wahnsinnig? Weißt du, wie viel Zucker da drin ist? Im Reformhaus hab ich neulich ein sehr leckeres gefunden.«

F: »Also, ich wollte schon Erdnussbutter haben. Aber wenn dir das zu viel Arbeit mit dem Einkauf ist, E, kann ich das auch selbst holen. Wie sieht das mit Getränken aus? Ich fände ein Mediumwasser gut.«

D: »M E D I U MWASSER. Das ist jetzt nicht wahr!«

F: »Ja, klar. Das mit dem vielen Bitzel, das mag ich nicht.«

D: »Dann will ich aber alkoholfreies Bier.«

E: »Ja, das find ich auch gut.«

M: »Alkoholfreies Bier auf einem Segeltörn! Dann bleib ich zu Hause.«

E: »Schon gut. Zwei mit, zwei ohne, drei Mediumwasser (grins), eine Cola, eine Fanta, wie sieht's mit Wein aus?«

M: »Rotwein!«

E: »Ich denke, du willst Bier.«

D: »Tut mir leid, aber ich vertrage keinen Rotwein. Bitte weißen. Von Rotwein krieg ich Migräne.«

M: »Ich auch. Nach drei Flaschen.«

D: »Bei mir reicht da ein Glas.«

U: »Sag mal, nimmst du auch dein Strickzeug mit?«

D: »Du, verar ... (Zensur) kann ich mich selbst.«

U: »Wollte dir nicht zu nahe treten. Aber was anderes. Der zweite Koch hat Vollkornnudeln vorgeschlagen. Das muss doch wohl nicht sein, oder?«

Allgemeines Gesichtverziehen.

D: »Kannst du nicht sagen, du hättest keine gekriegt?«

M: »Macht doch halb und halb. Daran muss ja jetzt die Segelfreizeit nicht scheitern. Übrigens wollte ich zum Frühstück Eier mit Speck machen. Steh ich freiwillig früher auf. Ist das ein Wort?«

F: »Also, ich brauch das nicht unbedingt morgens. Außerdem – viel zu viel Cholesterin.«

M fasst sich an die Stirn.

D: »Also ich find's super. Damit kriegst du sogar mich aus den Federn.«

E: »Fein, dann hätten wir's. Ach so...Soll ich noch Saft mitbringen?«

F: »Aber bitte keinen Apfelsaft, das wird mir zu sauer.«

E: »Ich bringe mal mit, was ich denke. Es wird schon passen. Dann sehen wir uns am Freitag.«

U: »O.K., Jungs, ich muss jetzt auch los, aber vergesst mir die Burdamoden mit den Strickmustern nicht am Wochenende.«

D: »Mach nur so weiter, dann gehst du als Erster über Bord.«

Nach vier Tagen hartem Kampf auf hoher See gingen rund zwanzig Männer erschöpft, aber an Glauben und Muskeln gestärkt von Bord. Der Autor war unter ihnen. Leider versanken seine Brille und das Diktiergerät bei schwerem Seegang an der tiefsten Stelle der Nordsee. Ein Angriff des Widersachers? Sabotage aus den eigenen Reihen? Die Nachwelt wird nun nie erfahren, was dort draußen auf den Wellen wirklich passiert ist.

Aber auch das Leben der Wikinger barg Geheimnisse, die bis heute nicht gelüftet sind...und dem Autor blieb erspart, beim nächsten Segeltörn gekielholt zu werden.

»Invasion von der Wega« oder »Alles voller Christen«

Es ist schon merkwürdig. Aus eigener Erfahrung weiß ich, dass man vierzig Jahre lang auf der Suche nach einer lebendigen Gemeinde sein kann und selbst, wenn man direkt neben der Tür steht, sagt niemand: Gehen Sie doch da grad mal rein. Wie viele Schafe mögen schon durstig auf ganz falschen Weiden gelandet sein? Was machen wir nur falsch als Christen?

Als Kind und auch später noch habe ich furchtbar viel Fernsehen geschaut. Mir würde das gar nicht so auffallen, aber Freunde sind schon oft verwundert, dass ich zu jeder Serie und jedem Spielfilm, sofern er im letzten Jahrtausend lief, etwas sagen kann. Die ganze Familie antwortet inzwischen auf die immer wieder gern von mir genutzte Gesprächsbereicherung: »Bestimmt kennt ihr den Film ...« mit genervtem Choreinsatz: »Nein, auch den kennen wir nicht!«

Als Kind habe ich besonders Science-Fiction geliebt. War es nicht David Vincent, der feststellte, dass die Außerirdischen von der Wega mitten unter uns leben? Sozusagen in einem nicht sichtbaren Paralleluniversum. Niemand merkte, dass sie da waren, bis den Helden jemand darauf hinwies, und plötzlich waren sie überall zu erkennen.

Mit den Christen scheint es ähnlich zu sein. Der feine Unterschied zwischen Außerirdischen und Christen liegt darin, dass Christen die Welt zwar retten wollen, sie dazu aber nicht (mehr) erobern müssen. Solcherlei Irrglauben haben sie irgendwann aufgegeben – gottlob! Dennoch kann man durchaus vierzig Jahre auf dieser Welt leben, ohne ihr Wirken und Tun – vom *Wort zum Sonntag* oder der Besichtigung einer barocken Kirche mal abgesehen – besonders wahrzunehmen. Wie habe ich meine Freunde, Anhänger fernöstlicher Religionen, beneidet um ihre Meditations- und Gebetskreise, ihre Glaubensgemeinschaft, ihre geistlichen Lehrer, ihre Aussicht auf das, was nach dem Tod passieren soll. Ich bin dafür in den Fernen Osten gereist und hatte doch viel Besseres schon längst vor der Haustür liegen; über lange Jahre tatsächlich zwei Straßen weiter. Ich wusste es nur nicht.

Als ich mit über vierzig eine wirklich lebendige Gemeinde betrat, erhielt ich damit einen unsichtbaren Schlüssel zum Paralleluniversum. Kaum, dass ich Kopf und Herz öffnete, sah ich sie überall: Christliche Bücher und Filme, christliche Verlage, christliche Buchhandlungen, christliche Freizeitheime, Hotels und Urlaubsveranstalter, christliche Musikhäuser, Stellenbörsen, Internetforen und Medienverbände.

»Wo waren die denn vorher alle?«, fragte ich mich. Als ich darüber hinaus noch den Mund öffnete, um über das zu reden, was mich bewegt, stellte ich plötzlich fest, dass ich sogar mit einigen Christen zusammenarbeitete; seit über zehn Jahren schon. Ich hatte es nicht gewusst.

Die wundersame Wandlung geschah, als ich gebeten wurde, für ein christliches Chorkonzert die Rahmenhandlung zu schreiben. Missionarisch sollte es sein. »Was Leute interessiert, die Christus noch nicht kennen. Na, du weißt doch bestimmt, wie das ist.«

Ich schrieb also ein Theaterstück. Nicht gerade Sex and Crime, aber etwa die Richtung »Ich will Spaß« zum Warmlaufen und dann ein bisschen Trennung, etwas Alkohol, Therapie und Beziehungsstress. Was ich halt die Jahre so ringsherum erlebt oder mitbekommen hatte, in denen ich noch in der Großstadt wohnte und nicht Christ, sondern auf der Suche war. Die Reaktion auf meinen ersten Entwurf war verhalten – vorsichtig ausgedrückt. Christen können sehr höflich sein. So habe ich nie gesagt bekommen, dass die Welt doch sooo schlimm nun auch nicht sei, und dass die Probleme doch nur extreme Randgruppen beträfen. Das Theaterstück wurde bis zur Unkenntlichkeit abgemildert; man wollte die Zuschauer nicht schockieren.

Inzwischen habe ich es verinnerlicht: Überzeugte Christen haben keine Eheprobleme, sind immer freundlich zueinander, trinken nie mehr als ein Glas Alkohol, rauchen, fluchen oder streiten niemals. Außerdem spielen sie keine Ballerspiele und sehen keine Krimis.

Das alles passiert nur im Paralleluniversum.

Oder?

Hier gibt's ja
gar keinen Weihrauch!

Wenn ein Charterflugzeug landet, klatscht man. Als ich in meiner jetzigen Gemeinde landete, hätte ich am liebsten auch geklatscht. Endlich daheim. Dabei habe ich trotz aller fernöstlichen Religionen, die mich so lange fesselten, die christlichen Kirchen nie gemieden. Genau genommen, komme ich aus der evangelischen Landeskirche und bin sogar ordentlich konfirmiert. Zum Beten allerdings ging's immer zu den Katholiken, weil da die Kirchen nicht so nackig sind. Mir ist das also alles durchaus vertraut. Trotzdem: Auch wenn ich weiß, dass es geniale lebendige Gemeinden in den Landeskirchen gibt, sind da doch noch einige Unterschiede.

Er war schon über vierzig, vom Leben verbogen und wieder gerade gerichtet. Da lernte er sie kennen. »Glaubst du an Gott?«, fragte er sie irgendwann.

»Ich bin Christin«, antwortete sie und er dachte bei sich: »Hmm, Hauptsache, sie glaubt an irgendwas.« Denn Glauben war ihm schon wichtig. Doch was sie mit dem Christus immer hatte…

»Sie wird doch nicht eine von den Frommen sein?«, grübelte er später und hatte dabei ein Bild von den etwas prüden Gouvernanten der Jahrhundertwende im Hinterkopf, die in englischen Filmen so gerne auftauchen. »Neee, dafür sieht sie zu gut aus.« Sie hatten sich immer was zu erzählen und sprachen auch oft über Religion. Denn er glaubte schließlich auch an Gott. Na ja, und an Buddha, Laotse und Konfuzius, die paar Hausgeister nicht zu vergessen.

Er hatte sich sogar schon mal über längere Zeit durch eine alte Lutherbibel gequält, was er ihr stolz erzählte. Die esoterische Heilslehre war dann aber doch so schön bequem und somit viel verlockender gewesen.

Nach ein paar Monaten schenkte sie ihm eine Bibel in moderner Sprache. »Die Gute Nachricht« stand fett auf dem Einband. »Wenn's ihr so wichtig ist...«, dachte er und bedankte sich höflich.

Nach einigen Wochen begann er vorsichtig darin zu blättern, las sich fest und verbrachte von da an immer mehr Zeit mit dem dicken Buch. »Schöne Geschichten, etwas abenteuerlich, aber ganz gute Botschaft«, entschuldigte er sich. Es musste doch irgendwie noch alles in sein Bild passen. Nur nichts zugeben.

Sie nahm das alles viel zu ernst. Und gerade das reizte ihn zum Widerspruch. Er brach eine Diskussion über Adam und Eva vom Zaun und dass das wohl ziemlich an den Haaren herbeigezogen sei, und dass in der ganzen Bibel kein Ton über Dinosaurier gesagt würde. Sie blieb gelassen. »Ich glaube schon, dass Gott den Menschen geschaffen hat«, entgegnete sie ganz ruhig. »Ich sehe da gar nicht so den Widerspruch.«

»Sie ist attraktiv, sie ist intelligent, sie meistert ihr Leben, aber sie muss verrückt sein, zumindest etwas.« Es beutelte ihn ein paar Tage, dann zuckte er schließlich die Achseln: »Niemand ist vollkommen.«

Es dauerte trotzdem noch ein ganzes Jahr, bis er endlich beschloss, sie in ihre Gemeinde zu begleiten. »Eine Freikirche auch noch, wer weiß, was das nun wieder ist.«

Ausgerechnet an dem Sonntag jedoch, den er auswählte, hatte sie bereits zugesagt, im Kindergottesdienst mitzuarbeiten, und konnte ihn also nicht begleiten. Wie Männer manchmal so sind: Wenn man was beschlossen hat, zieht man es auch durch. »Dann geh ich halt allein und schau mir das an!«

Und da saß er nun. Er kannte Gottesdienste mit zwanzig Besuchern, an Feiertagen auch vierzig, er hatte aber auch schon mit drei älteren Damen und dem Pfarrer allein in der Kirche gesessen. War auch nett. Hier saßen dreihundert, und es waren noch nicht mal alle da. »Das ist ja gar nicht sakral!«, schoss es ihm durch den Kopf. Ein Kreuz gab es zwar, aber Jesus hing nicht daran, und einen Altar gab es auch nicht. Auch keine Säulen, keine goldenen Engelchen mit Harfe und blankem Hinterteil, keine Heiligen, keine Glocken. Nichts.

Trotzdem war es irgendwie gemütlich.

»Jesus hat gesagt, wo zwei oder mehr in meinem Namen zusammen sind, bin ich mitten unter ihnen. Ja, Jesus ist mitten unter uns«, sagte der Pastor.

»Ach deshalb«, dachte er ein wenig zynisch.

Eine ordentliche Orgel war auch nicht da, nur so eine kleine, vielleicht zwei Meter fünfzig hoch, auf der Empore. Dafür stand ein schwerer, tiefschwarzer Flügel ganz vorne. Das erste Lied wurde angestimmt und alle sangen mit. Er hatte es noch nie gehört, aber es war ... einfach gut!

In wie vielen Gottesdiensten hatte er sich schon über die Lieder geärgert, die drei Oktaven zu hoch geschrieben und damit für Männer absolut unsingbar waren. Damit es nicht auffiel, hatte er sich eine gute Technik angeeignet. Das umgedrehte Pendant zum Bauchredner: Bauchredner bewegen die Lippen nicht, man hört sie aber reden. Geschulte Kirchgänger bewegen die Lippen, es kommt aber kein Ton heraus. Er hatte den Verdacht, der tiefere Sinn der Orgel sei es, den Gesang zu erschlagen, damit das Mogeln nicht so auffiel.

Jetzt aber hörte er sich laut mitsingen.

Und dann kam der Chor. Siebzig Prozent junge Leute. In einem Kirchenchor! Ohne Gospel. Das erschien ihm verdächtig. Er kannte Pfarrer, die ihre Seele gegeben hätten für einen einzigen Gottesdienst mit so vielen jungen

Leuten. Und das hier war nur der Chor. Und der war auch noch beneidenswert gut. »Schade, dass du letzte Woche nicht da warst, da hat die Band gespielt, und die Theatergruppe spielte einen Sketch. War sehr amüsant«, flüsterte der Sitznachbar ihm zu. Er beschloss, über diesen Satz zu meditieren.

Der Pastor trat ans Mikrofon. »Sünde und Vergebung – unser heutiges Thema.«

»Das hat mir ja gerade noch gefehlt«, seufzte er leise und sackte etwas tiefer in seinen Sitz. Gedankenfetzen tauchten vor seinem inneren Auge auf: Wie er vor Jahren einmal einen Beichtstuhl mit einer einzigen Sünde betreten und mit einem Dutzend wieder verlassen hatte.

Das aber, was der Pastor sagte, war erleichternd, entlastend, befreiend. Und er sprach ganz allein für ihn. Die dreihundert anderen waren verschwunden, und als eine halbe Stunde später der Segen gesprochen wurde, hatte er zwanzig Kilo weniger auf den Schultern. Besser als jeder Weight Watcher.

Die Frau seiner Träume begrüßte er später betont lässig im Foyer: »Doch, wirklich ganz nett hier.«

Dass ebendieser Pastor ihn später einmal taufen und über ihrer beider Ehe den Segen sprechen würde, wusste er ja noch nicht.

Fluche, David

*Es war doch das Rumpelstilzchen, das sich selbst
in der Luft zerriss vor Wut. Aaach, wenn ich nicht
Christ wäre, ich könnte es so gut verstehen.*

Heute muss ich wieder einmal etwas gestehen. Ich neige mitunter zum Fluchen. Das muss ich mir noch abgewöhnen. Das wird ein echtes Opfer. So ein Richtiges. Fast so wie der Zehnte. Dabei weiß ich jetzt auf Anhieb gar nicht, wie das wirklich ist mit dem Fluchen. Ist das als Christ erlaubt? In den Zehn Geboten steht da nichts.

Aber in alten amerikanischen Filmen, in denen ein harter Revolverheld gegen eine natürlich toll aussehende Frau antritt, die – welch Wunder – in der Heilsarmee Segen verbreitet, sagt sie immer zu ihm, er solle nicht fluchen, weil das unchristlich sei. Also, worauf kann ich sonst noch vertrauen, wenn nicht auf alte amerikanische Filme? Fluchen ist verboten!

Fluchen ist vor allem dann verboten, wenn man ein Vorbild ist. Genau genommen, will ich gar nicht immer Vorbild sein, aber ich muss es, weil die Kinder natürlich nichts Besseres zu tun haben, als einen genau dann zu kopieren, wenn man mal ausnahmsweise ein schlechtes Vorbild ist.

Wenn man stundenlang die Bude saugt und wienert, kommt keines der Kinder auf die Idee zu sagen: Oh toll, das mache ich jetzt auch mal! Aber wenn man flucht, können sie immer sagen: Du machst das ja auch!

Oh weh! Gestern habe ich wieder mal geflucht. Das Töchterlein schaut mich heute noch verstört an, denn sooo einen Fluch hat sie noch nicht gehört. Ich bin nicht stolz darauf, denn wenn ich fluche, dann so, dass selbst einem trinkfesten irischen Laienprediger mit zehn Jahren Vorstadterfahrung noch alle Haare zu Berge stehen. Aber was soll man machen? Der Kinder vielköpfige Schar balgt sich, obwohl das strengstens verboten ist, im Wohnzimmer auf dem Sessel. Dort in der Nähe hängt leider auch die Gardine, die meine liebe Frau dieser Tage mühevoll aufgehängt hat. So eine mit so einem blöden System, das man nirgendwo bekommt, das schön aussieht, aber ätzend aufzuhängen ist. Und während die lieben Kleinen so herumbalgen, macht es »Ritsch« und die Gardine ist abgerissen. Na toll! Und wer hängt die jetzt auf? Bestimmt nicht die, die es verursacht haben.

Es ist Nachmittag und ich denke so vor mich hin: Ach, was wird meine liebe Frau sich freuen, wenn die Gardine hängt, wenn sie nach des Tages Müh und Plage wieder nach Hause kommt. Also begutachte ich den Schaden: Wie gesagt, das System hat kein Mensch vorrätig. Also Bohrmaschine, Draht, alte Gardinenröllchen, Heißklebepistole und improvisiert, was das Zeug hält. Schließlich war der Bub ja mal Schreiner. Nachdem ich beim Bohren versehentlich ein Regalbrett angebohrt und nur knapp meine guten Schuhe verfehlt habe, kommt der ständig nachquellende Heißleim aus der Pistole zum Einsatz. Statt der bereitgelegten Pappe sind meine Hände und der Fußboden verklebt, und ich bin leicht genervt. »Kann mir mal jemand helfen?« Keine Antwort. O. K.. Selbst ist der Mann. Das System ist so angebracht, dass ich die gesamte Gardinenleiste abschrauben muss, um eine neue Schiene einzufädeln. Wo bitte ist der Akkuschrauber? Verschollen im Bermudadreieck. Der einzige Handschraubenzieher – ja, so etwas gab es auch mal! – ist natürlich zu klein, und alle anderen sind im Haus verschlampt – vermutlich unter Betten, im Legokasten oder sonst wo. Die Leiter zu holen, bin ich zu faul, die Sessellehne tut es schließlich auch. In schwindelnder Höhe auf einer Sessellehne balancierend wie im chinesischen Staatszirkus, schraube ich eine sechs Meter lange Gardinenleiste aus der Decke.

»Kann mir mal jemand helfen?«

Nie ist es in diesem Haus still. Nur, wenn ich diese eine Frage stelle. Ich werde der Zeitung *Eltern* empfehlen, die Frage als Tonabsteller im nächsten Erziehungsratgeber zu verwenden. Die ersten Schrauben haben sich bereits in die Tiefe gestürzt. Hoffentlich finde ich die wieder. Nur noch diese eine letzte. Überkopfarbeiten hasse ich. Aber die Leiste ist ab. War doch gar nicht so schwer. Beim Absteigen mit der langen Leiste in der Hand findet mein Fuß treffsicher eine der abgestürzten Schrauben. Das erste Blut fließt. Also Stange auf Sofa und Couchtisch. Die Tasse Kaffee, die ich mir vorhin gemacht hatte, ergießt sich auf die Fernsehzeitung. Nein, ich fluche noch immer nicht. Ich beiße die restlichen Schrauben, die ich im Mund hatte, durch. Ich stecke die genial neu konstruierte und mit Heißleim verschweißte Schiene in die lange Leiste. Mit der Leiste wieder auf die Sessellehne und tatsächlich: Die Schrauben greifen, die Leiste hängt. Der Sessel hat kleine Blutflecke. Egal! Aber was ist denn das? Die Schiene hängt ja in der falschen Bahn.

Ich bin die Ruhe selbst. Also noch mal alles runter von der Decke und wieder ein klitzekleiner Neubeginn. Und wieder auf den Berg steigen. So muss sich Mose gefühlt haben. Die erste Schraube sitzt, und dann verliere ich für eine kleine Sekunde das Gleichgewicht. Meine Konstruktion samt Vorhang rutscht aus der Verankerung und saust in den Abgrund. Beide frisch geschweißten Verankerungen sind abgebrochen.

Und jetzt möge mir jemand erzählen, dass er in einer solchen Situation ganz ruhig sagt: »Oh, wie schade, dass ich jetzt noch mal ganz von vorne anfangen muss, aber na ja, das kriege ich schon wieder hin.«

Ich will das jetzt mal erklären. Das ist nämlich so: In Gefahrensituationen, wenn der Mensch sich verteidigen sollte – vor Löwen oder so etwas – da werden Hormone ausgeschüttet. Die schalten alles aus, was nicht so wichtig ist, wenn man diesem Löwen gegenübersteht: Appetit auf Hummer, die binomischen Formeln, Ritterrüstung auf Englisch und so was. Denn nun braucht Mensch alle Energie, um entweder abzuhauen oder einen vernichtenden Erstschlag zu landen. Alles andere stört. Die gleichen Hormone werden ausgeschüttet, wenn Mensch einer Gardinenstange gegenübersteht, die ihn bedroht. Der Körper muss nun reagieren, sonst vergiften die ausgeschütteten Hormone den ganzen Körper. Gebremste Energie und so. Verstanden?

Ein befreundeter Psychiater sagte es mal so: Wenn der kleine Angestellte vom Chef tyrannisiert wird, möchte er am liebsten den Schreibtisch umwerfen. Genau das wäre auch richtig – biologisch gesehen.

Und was mache ich? Ich schreie rum, dass die Kinder mich zwei Tage später noch verstört angucken, anstatt schweigend die blöde Gardinenleiste durch das geschlossene Fenster zu schmeißen und die Heißklebepistole hinterher.

Und warum erzähle ich das alles?

Weil ich den Computer zur Bibel befragt habe. Es gibt eine ganze Menge, wogegen und gegen wen man nicht fluchen soll. Gardinenleisten aber haben sie ausgenommen.

Man sollte nicht alles glauben, was alte amerikanische Filme über die Bibel sagen.

Lies nur in Ruhe
dein Buch

Ich freue mich immer, wenn Christen neben Demut und Ergebenheit einen ganz lebendigen und lebensnahen Umgang mit Gott pflegen. Er ist nicht nur im Gottesdienst da, sondern auch, wenn das Essen gekocht wird, die Fenster geputzt werden, oder wenn ein Brief vom Finanzamt kommt (da hat man seine Nähe allerdings auch besonders nötig.)

Warum sollte es auch nicht so sein? Schließlich ist Gott auf die Welt gekommen, um uns zu retten. Sicher hat er auch die kleinen Tücken wahrgenommen, die uns täglich zur Verzweiflung treiben, und die nur mit Humor zu ertragen sind. Ich glaube sogar, er lenkt uns manchmal mit genau diesen Dingen.

Es ist Samstagmorgen. Zum ersten Mal seit einem Jahr haben wir es geschafft, am Freitag die Hausarbeit zu erledigen. Das heißt, es drängt nichts, die Sonne scheint, heute kann ich einer meiner Lieblingsbeschäftigungen nachgehen: Im Liegestuhl liegen und lesen.

Die Woche war rappelvoll. Nix stille Zeit, und meine Bibel hätte, wäre sie ein Mensch, bittere Tränen der Einsamkeit geweint. Erwartungsvoll liegt sie da, hält den Bibelleseplan liebevoll zwischen den Seiten.

Andererseits habe ich auch meinen Roman nicht weiterlesen können, und ich wüsste doch zu gerne, ob der gutherzige, fromme Tam oder der Weiberheld Christian die schöne Jüdin Saphira kriegt. Schließlich geht's da ja auch um Glauben. In solchen Momenten fühle ich mich wie Don Camillo vor dem Kreuz:

»Herr, meinst du, es ist schlimm, wenn ich erst morgen Bibel lese? Die Woche war hart und so ein bisschen Entspannung...«

»Erinnerst du dich nicht? Immer wenn du die Bibel zur Hand nimmst, liest du dich fest. Wovor hast du also Angst?«

»Aber heute ist mir mehr nach Entspannung, Herr.«

»Genau dafür brauchst du sie heute. Die Bibel wird dich zur Ruhe bringen. Glaube mir.«

»Ach, ich weiß nicht, mir ist heute nicht so...«

»Ich habe dir die Freiheit gegeben. Du kannst selbst entscheiden.«

»Und du bist wirklich nicht böse?«

»Nein, mach nur. Ich bin nicht böse.«

Ich hab's geschafft. Das wäre geklärt. Der Liegestuhl wird aus dem Gartenhäuschen geholt.

Mensch, klemmt die Tür. Die wollte ich ja eigentlich letzte Woche schon reparieren. Egal.

Endlich Ruhe. Ich lege mich hin. Den Roman in den Händen. Mist. Die Arme sind nicht lang genug. Die Brille liegt im zweiten Stock. Ich also schnell die Treppen hoch und wieder runter. Hingelegt. Ich bin ganz ruhig. Herzschlag hundertachtzig. Ich war auch schon mal fitter. Man wird alt. Apropos. Ohne Kissen kann ich nicht lesen. Dann spannt der Nacken immer so. Schnell noch mal rein und raus. Wie geht's weiter?

Wie konnte Christian sich mit solchen Frauen abgeben?

Also, so kann ich nicht lesen. Die Sonne sticht in den Augen. Die Mütze hängt an der Garderobe. Schon gut, ich gehe schon.

Jetzt müsste es passen.

Für ihn gab es nur Saphira. Saphira bewunderte er.

Jetzt was Kühles zum Trinken. Schnell noch mal in die Küche. Im Kühlschrank nix. Ach, ich liebe grünen Eistee mit Litschis. Aber ein bisschen warm. Schau'n wir mal im

Eisfach nach. Die letzten zwei Eiswürfel. Wäre eigentlich fair, neue zu machen. Geht ja auch ganz schnell. Mist, jetzt ist die Küche wieder nass.

Zurück auf der Liege, fehlt eigentlich etwas zum Abstellen. Das Glas ins Gras platziert. Wo ist denn meine Brille? Mist! Bestimmt neben dem Kühlschrank. Ich rücke den Liegestuhl zurück. Hetze in die Küche. Mit Brille zurück. Das Glas ist ausgekippt, weil ich den Liegestuhl dagegengestoßen habe.

Ich werde in diesem Leben kein Buch mehr zu Ende lesen können. Ich bin sicher, ich werde ins Grab steigen und nie erfahren, wer nun die Jüdin bekommt, und ob sie sich doch noch zum Christentum bekehrt.

Die Zwillinge kommen in den Garten. »Oh, Papi, du hast ja gar nichts zum Abstellen. Komm, ich hol dir ein Tischchen und was Neues zu trinken.«

Sind diese Kinder nicht klasse? Ich drehe mich zur Seite. Die eine kommt wieder, serviert mir einen neuen Eistee. Wie ein Engel sieht sie aus. Ich drehe mich zurück. Mein Buch ist weg. Kichern von der anderen Seite. »Gib mir sofort mein Buch wieder.«

»Du hattest uns versprochen, heute was mit uns zu spielen!«

»Aber nicht heute Vormittag. Ich will endlich mein Buch lesen!!!!!!!!!!«

»Erwachsene sind doof.«

»Meinetwegen.« Ich lege mich wieder hin. Ist das aber unbequem. Unter meiner Auflage liegen mindestens zehn Tennisbälle.

Ich liebe Kinder.

»Ich will jetzt meine Ruhe haben. Ist das klar?«

»Klar, Papi.«

Buch. Tee. Brille. Mütze...

Wieder glitten seine Blicke über die Menge. Das war sie.

Was sind denn das für Tropfen? Regnet doch gar nicht. Stimmt. Hier gibt's ja noch mehr Kinder.

»Nimm die Wasserpistole weg!!!!«

Nach einer mittleren Explosion und der Festlegung, dass Erwachsene definitiv keinen Humor haben, liege ich im Liegestuhl. Die Sonne scheint. Ich habe Brille, Auflage, alles, was ich brauche, ... und keinerlei Lust mehr zu lesen.

Ich werde mir ein Eis aus der Truhe holen, dick und rund werden, und es ist mir völlig egal. Das habt ihr jetzt davon.

Auf dem Weg fällt mein Blick auf die Bibel und den Leseplan. Ich fange an, darin zu blättern. Themen: »Was ist wirklich wichtig?« und »Christ sein im Alltag.« Dazu eine Stelle aus dem Kolosserbrief. Wie so oft bleibe ich in der Bibel hängen. Sitze ohne Kissen und Eis auf dem Boden, lese mich fest und denke nach: Hätte ich sie gleich gelesen, hätte ich vermutlich daran gedacht, dass ich den Kindern versprochen hatte, mit ihnen zu spielen. Vielleicht hätte ich dann einen klaren Kopf gehabt, alles geholt, was ich zum Lesen im Garten brauche, und ein paar schöne, ruhige Momente verbracht. »Ich hätte es mir irgendwie leichter machen können«, murmle ich vor mich hin und habe plötzlich das Gefühl, dass jemand lächelt.

Das hat dir
der Teufel gesagt

Man darf über den Teufel Witze reißen, darf bei Bildern von Brueghel über die Hölle schaudern, darf laut »zum Teufel« ausrufen. Alles O. K. Nur eines darf man nicht: sagen, dass man glaubt, dass es den Teufel wirklich gibt.

Es gibt jede Menge Anekdoten, in denen ein Mensch versucht, den Teufel zu überlisten. Meist sind es Geschichten in der Art: Der arme Bauernsohn hat kein Geld, sich dafür aber in die Tochter des reichsten Bauern am Ort verliebt. Der will natürlich keinen Habenichts als Schwiegersohn. So schmachtet der Arme ihr jeden Tag hinterher. Da taucht dann plötzlich der Teufel auf und sagt: »Ich erfülle dir deinen Wunsch, z. B. ein Haus, ein Auto, eine Segeljacht. Glaube mir: Das schindet Eindruck.« Der Bauernsohn freut sich und sieht die Geliebte schon in seinen starken Armen schmachten. »Nur«, sagt der Teufel, »da gibt es noch eine kleine Nebenabsprache. Ich möchte als Gegenleistung deine Seele, also nur eine Kleinigkeit. Bitte hier unten unterschreiben.« Bis hierhin also alles so ähnlich wie bei einem Kreditvertrag mit einer dubiosen Kleinbank. Na ja, und wie bei einem Kredit gibt es auch hier die üblichen Beschwichtigungen: »Kann gar nichts passieren, denn wenn ich als Teufel diese oder jene Bedingung nicht erfüllen kann, verschwinde ich, du brauchst keine Raten mehr zahlen, pardon, ich meine, du kannst deine Seele wem auch immer geben oder einfach behalten.«

Der Bauer sieht aus dem Fenster. Die schöne Geliebte steht da unten und spricht schon wieder mit dieser blöden Schmalzlocke, dem Nachbarsbauern, der Kohle hat. »O. K.«, sagt der Bauernsohn, »wo muss ich unterschreiben?«

Dann ist das Haus fast fertig, das Auto steht davor, und die Segeljacht dümpelt irgendwo im Mittelmeer. Der junge Mann bekommt Fracksausen. »Über die Seele habe ich mir ja eigentlich noch gar nicht so viele Gedanken gemacht, aber man hört ja immer so scheußliche Dinge über die Hölle.«

Tja, in unserem Märchen gibt es natürlich ein Happy End. Hoch im Norden, fast an der Küste, gibt es ein riesiges Bauerngehöft, da hat's der Bauernsohn bekommen, weil der Teufel es durch die List eines Nachbarn nicht schaffte, vor Sonnenaufgang ein letztes Fenster einzusetzen. Tja, Pech – ohne Schwefel – für den Teufel, Glück für den Bauernsohn. Das war's mit der Seele.

Ob der Bauer nun Christ geworden ist, bekommt man nicht berichtet, aber alle Leute, die heute den Hof besuchen und die Geschichte erzählt bekommen, zittern bis zuletzt mit dem Bauern und sind hoch erfreut, dass der Teufel beschi..., pardon, überlistet wurde.

Mit dem Teufel ist das so eine Sache. Überall ist er in Sprichwörtern, Anekdoten oder sogar im täglichen Sprachgebrauch enthalten, selbst Goethe hat sich mit ihm befasst. Wehe aber dem frischgebackenen Christen, wenn er irgendwo vom Teufel redet.

In einer Kurzgeschichte, die ich guten Freunden – Nichtchristen – einmal vorlas, hatte ich Gedanken des »Helden« über den Teufel in zwei Nebensätzen erwähnt. Entsetztes Raunen: »Du glaubst doch nicht wirklich, dass es einen Teufel gibt!?«

»Ähm, doch...«

Dann folgte die übliche Diskussion. Nein, ich glaube nicht an den Klapperstorch und die Welt ist auch keine Scheibe. Erleichterung bei meinem Gegenüber, dass ich wenigstens die Sache mit den Hufen und Hörnern als künstlerische Freiheit des Mittelalters akzeptiere. Aber ist denn das mit dem Teufel so schwer vorstellbar?

Wer je die Vorbereitung einer Gottesdienstmoderation erlebt hat, weiß, wie schnell der Widersacher sich in einem PC einnisten kann, jegliche Telekommunikation lahmlegt und alles tut, um zu verhindern, dass man auch nur ansatzweise ein vernünftiges Programm zusammenstellt.

Als ich das erste Mal für eine Einkehr in ein Kloster reisen wollte, riss zweihundert Meter nach der Abfahrt das Kupplungsseil meines Autos. Ein Jahr später auf dem gleichen Weg wollte der Kühler überkochen, kaum dass ich die Autobahn erreicht hatte.

Wer reiht meine Lieblingsängste so rings um mein Bett auf, dass ich nachts nicht schlafen kann? Und wer reitet mich, wenn nicht wenigstens ein kleiner Teufel, wenn ich mich so sehr über jemanden ärgere, dass ich nicht mehr verzeihen will, wenn ich lieber Krieg als Versöhnung will?

Apropos Krieg. Wer kehrt, wenn es so weit ist, das Innerste nach außen? Wer hat wohl Spaß daran, dass Menschen zu Bestien werden?

Aber es gibt da auch die ganz alltäglichen Sachen: Wenn ich mich einsam fühle, brauche ich nur zur Bibel greifen. Nicht, dass ich sofort immer gleich Trost fände. Aber das Telefon wird klingeln. Wahlweise der Wäschetrockner piepen. Irgendwas, das ablenkt und das Bibellesen verhindert. Wetten?

Meine Frau sagt, das seien wohl eher Murphys Gesetze, und ob der Teufel wirklich die Zeit habe, mich jedes Mal vom Bibellesen abzulenken? Nun ja... Aber wenn ich so drüber nachdenke: Vielleicht ist es ja der Teufel, der immer wieder verhindert, dass ich regelmäßig Sport treibe, und der dafür sorgt, dass ich mich einfach nicht beherrschen kann, wenn ein Stück Torte rumsteht. Ich sollte ein Buch schreiben: »Gute Ausreden für Christen – ein Ratgeber.«

Ach, was war das doch einfach, als ich noch nicht Christ war. Immer hatte ich für alles Böse auf der Welt eine schöne esoterische Erklärung parat und konnte mir alles so basteln, wie ich es gerade brauchte. Seicht und leicht verdaulich.

Allerdings: Ich bin sicher, Satan freute sich riesig, dass ich damals fest glaubte, es gäbe ihn nicht.

Oh, Luther, wie weise von dir, das Tintenfass nach dem Teufel zu werfen! Ja, mit Tinte bespritzt ist er nicht mehr unsichtbar. Und wenn man erkennt, wo er gerade steckt, kann er nicht mehr ganz so viel Schaden anrichten.

Für Christen bedingt geeignet

Es war ein kalter Winterabend, als ich durch dichtes Schneetreiben zum Hauskreis fuhr. Immer neue weiße Fusselchen tanzten vor den Scheinwerfern meines Autos. Die Sicht war getrübt. Mir war kalt. Nach dem Abendessen schon war mein Biorhythmus aus dem Gleichgewicht geraten und die Lust, meine warme Wohnung zu verlassen, in den Keller gesackt. Aber was tut man nicht alles, um mit anderen Menschen zusammen zwei fromme Stunden zu verbringen?

Da gibt es doch so eine Werbung: Der Tag geht, Jonny Walker kommt, oder so ähnlich. Wie in der Werbung lag jetzt das Haus meiner Freunde vor mir, als ich mit dem Auto um die Ecke bog. Warmes Gelb strahlte aus den Fenstern und zauberte Lichtkegel auf den geweißten Boden. An den Ecken der Scheiben hatte der Wind weißen Staub in die Nischen gepustet und es wirkte alles fast schon künstlich, wie mit Weihnachtsschneespray aufgesprüht. Wenn sie mich jetzt mit einem Glas gutem Whisky begrüßen würden, ich würde auf der Stelle schwach werden. Aber dann könnte ich nicht mehr nach Hause fahren. Mist aber auch.

Ich wurde herzlich begrüßt. Gleichzeitig wurde meine Nase angenehm gereizt. Es roch verlockend nach irgendetwas mit Gewürzen Gebrautem. Fast exotisch. Tee? Kein normaler Tee. Aber was war es dann? Auf dem Tisch standen zwei Kannen, und es dampfte aus den Tüllen. Ich rieb mir die immer noch kalten Hände.

»Magst du vielleicht einen Tee?«, fragte der Gastgeber. »Rechts steht *Kleine Sünde*, links *Heiße Liebe*.«

Ich war entsetzt und überlegte fieberhaft, ob ich mit Knoblauch oder einem beherzten »Weiche von mir, S.« kontern sollte.

»Kleine Sünde?« Wusste er nicht, dass zwischen kleinen Sünden und den großen nicht unterschieden wird? Der Gastgeber sah mein Entsetzen und reagierte mit einem breiten Grinsen. »Koste einfach, er schmeckt köstlich. Und sooo sündig ist er nicht.« Die anderen Gäste nickten fleißig.

Ich nippte vorsichtig. Verdammt lecker, das Zeug.

»Hör mal, kleine Sünde im christlichen Hauskreis ...«

»Quatsch«, konterte er. »Ich bin seit fünf Jahren Christ. Und wenn mich eine kleine Sünde aus dem Teebeutel umwirft, wäre ich ein lausiger Patron. Und die heiße Liebe betrifft natürlich nur meine Frau.«

»Soso«, entgegnete ich ernst und machte ein Gesicht wie ein Großinquisitor, »fünf Jahre also. Und du meinst, da könntest du dir das leisten? Mir als Greenhorn darfst du das dann aber nicht anbieten!«

»Ist O. K.«, meinte er. »Dann hole ich dir noch einen Tee zum Nachtrinken.« Er stand auf und holte eine weitere Kanne. »Hier. Büßertee, extra bitter. Frisch aus der Teehandlung von Kloster Arnstein.«

»Du willst mich veräppeln.«

»Jo«, meinte er grinsend.

Aber dann brachte uns die Angelegenheit auf eine Idee: Für jeden Mist steht auf der Packung ein Warnhinweis. Für Allergiker: »Kann Spuren von Nüssen enthalten.« Mikrowellen mit einem Schild: »Keine Tiere damit trocknen.« Vor allem und jedem wird gewarnt. Wie ich hörte, sollen selbst ganz normale Lebensmittel künftig gekennzeichnet werden, wenn sie dick machen. Im Kino gibt es eine Altersbeschränkung. Nur auf ahnungslose Christen lässt man die Welt los. Wie sollen sie je wissen, was ihnen guttut?

Wir gerieten in Aufbruchstimmung. Noch an diesem Abend planten wir gemeinsam die »Freiwillige Selbstkontrolle für Christen« (FSfC). Ab sofort sollten auf allen Produkten kleine Schildchen kleben mit der Aufschrift: »Für Christen geeignet« oder »Für Christen bedingt geeignet«

oder »Nur für Christen mit einer Gemeindezugehörigkeit ab 6 oder 12 oder 18 Jahren.«

Wir waren uns einig. Das hätte jede Menge Vorteile: Der Streit, ob *Harry Potter* für Kinder von Christen geeignet sei oder nicht, entfiele sofort. »*Harry Potter*, 5. Teil, für Christen ab 6 Jahren Gemeindezugehörigkeit bedingt geeignet.« Punkt.

Oder das *Buch des neuen Atheismus*: »Nur für Christen ab 18 Jahren Glaubenszugehörigkeit.« Unsicher waren wir, ob wir den Büchern der amerikanischen Pastoren John Ortberg und Bill Hybels die Aufschrift: »Für Christen unbedenklich« oder »Für Frischlinge ab Alphakurs geeignet« verpassen sollten.

Als wir alle Bücher, Tees und Filme in seiner Wohnung klassifiziert hatten, tranken wir noch ein winziges sündiges Tässchen. Doch dann kamen uns Zweifel. Die Gedanken nagten an uns, ob unsere Idee wirklich so gut sei: Welche Freigabe erhielte unter unserem Maßstab das Alte Testament? Oder gar die Offenbarung? Sollten gar die alten Kirchengründer recht gehabt haben und die Bibel doch nur durch Fachleute an das einfache Volk, an Menschen wie uns, gebracht werden?

Die Zweifel nagten an uns. Ob gar die *Kleine Sünde* schon ihr zerstörerisches Werk in uns tat?

Die Frau des Gastgebers hatte die rettende Idee: »Männer machen immer alles kompliziert. Meint ihr, Jesus hätte seine Jünger losgeschickt in die damalige Welt, wenn er Angst gehabt hätte, sie würden gleich umfallen? ›Geht zu allen Völkern und macht sie zu Jüngern‹[6]. Deren Gemeindezugehörigkeit lag knapp über null.«

Wie einfach alles sein konnte.

Ich trank noch eine *Heiße Liebe* und fragte dezent, ob denn der Teesatz nun als Sündenpfuhl zu bezeichnen sei.

---

6 Matthäus 28,19.

Mein Gastgeber verneinte, bestand stattdessen darauf, dass der Tee die Aufschrift: »Hauskreisgeeignet« erhalten solle, denn schließlich hätten wir heute wirklich was gelernt. »Und wenn ihr unsicher werdet«, sagte er beim Verabschieden, »kein Problem: Für Risiken und Nebenwirkungen fragen Sie Ihren Pastor oder Gemeindeältesten.«

Die Speisung der Fünfzehn

Wundersame Dinge hört man von Christen. Brotvermehrung wird in der Bibel beschrieben. Fünftausend Menschen sollen auf einem Berg satt geworden sein. Von fünf Broten und zwei Fischen. Da steht man als kleiner Newcomer und denkt: O. K., damals war das möglich, als Christus selbst auf der Welt war, aber heute?

Garstige Zweifler sprechen gar von Geschichtsfälschung oder Massenhysterie.

Alles Quatsch!

Wir waren bei einem Freund zum Geburtstag eingeladen. Er ist noch nicht lange Christ. Aber er glaubt. Und er hatte viele Gäste eingeladen. Seine Frau war kurzfristig ins Ausland abberufen worden. Er war allein. Und er ist ein Mann. Ich bin auch ein Mann. Ich weiß, was das bedeutet. Ein Mann, viele Gäste und keine Frau = Angstschweiß. Er hatte es souverän gelöst. Einen Teil gekocht. Einen Teil bestellt. Überall in der Küche standen Töpfchen, Schälchen und Platten mit verschiedensten Leckereien. Köstlichstes aus fernen Landen, frisch vom Chinesen um die Ecke. Die Gäste schnupperten und lautes »Aah!« und »Ooh!« klang aus der Küche. Bei mir hätte es höchstens ein Chili con Carne gegeben. Diesen Teil hatte er also bestanden. Ich war unendlich stolz auf ihn. Auch die Wohnung war sauber, sogar das Bad. Mann hätte neidisch werden können.

Selbst die Getränkeauswahl war erstaunlich: Weißwein, Rotwein, zwei Sorten Bier, Wasser mit und ohne Bitzel, mit Minze versetzt und eisgekühlt, verschiedene Säfte ... Es war schon fast unheimlich.

Ich musste ihn jetzt doch mal auf die Probe stellen: »Hast du zuuufällig auch alkoholfreies Weizenbier?« Das war eine Zeit lang die Killerfrage in jeder Kneipe.

»Aber klar doch. Aber leider nur fünf Flaschen.«

Da außer mir kein vernünftiger Mann alkoholfreies Bier, und dann auch noch Weizen trinkt, war die angebotene Menge schon fast provokativ.

Ich gebe es zu: So viel Organisationstalent machte mich ein wenig neidisch. Ich kann kochen, backen, Klo putzen und bügeln. Aber größeren Ansammlungen von Gästen würde ich ohne die Hilfe meiner Frau mit Flucht begegnen oder am Geburtstag schwören, ich sei Findelkind und man wisse gar nicht, ob das Datum überhaupt stimmt. Aber er hier hatte es allein hinbekommen und hatte sichtlich auch noch Spaß daran. Er schien nicht einmal gestresst zu sein. Er war sogar richtig locker.

Ich spürte schon erste Eifersucht, als ich merkte, wie meine Frau ihn bewundernd anstrahlte. Doch war es sie selbst, die ihn, ohne es zu wollen, in die Falle schob: »Es ist fast zwölf. Wollen wir den Sekt aufmachen?«

»Sekt...« Eine leichte Unsicherheit machte sich zunächst in seinen Augen bemerkbar, ihm folgte ein Zucken der Mundwinkel. Er strich sich die Hände an der Hose ab, was auf eine Übersprunghandlung hinwies. »Ich glaube, da müsste noch eine Flasche im Keller sein.«

Wir waren etwa zwanzig Gäste. Sofort beteuerten etwa fünf Gäste, die eine Rettung der Situation herbeiführen wollten, dass sie heute Abend nichts Alkoholisches trinken könnten. Nüchtern Auto fahren und so, na ja, man kennt das.

Die fiesen alten Freunde, die jeder hat, die einen lange kennen, und die daher vor keiner Peinlichkeit zurückschrecken, frotzelten sofort los: »Na, das ist ja typisch, eine Flasche Sekt für eine ganze Gesellschaft! Wir wussten ja gar nicht, dass du so geizig bist!«

Und dann ging es los. Von jeder Seite kam eine kleine Bemerkung, ein kleiner Seitenhieb hier, eine Stichelei dort. Tja, wer gute Freunde hat, braucht keine Feinde mehr. Das Feixen und Lästern wollte kein Ende nehmen.

Aus dem Keller kam zwischenzeitlich die ernüchternde Meldung: Tatsächlich nur noch eine Flasche Sekt, die aber gut gekühlt.

Unser Freund verteilte Gläser, nahm dann die Flasche, entkorkte sie, ohne zu spritzen, mit leichtem Plopp, wie es sich gehört, und meinte, ehe er das erste Glas einschenkte: »Jesus hat doch fünftausend Menschen satt gemacht, bei so vielen Christen unter uns wird doch wohl heute Abend der Sekt reichen.« Er begann einzuschenken.

Alle hielten sich dezent zurück: »Nur ein Schlückchen, nicht so viel, dass für die anderen noch genug da ist.«

»Nein, nimm nur«, meinte er sicher. »Das reicht schon.«

Man ahnt ja gar nicht, wie viel Sekt in so eine Flasche passt.

Die erste Runde war gelaufen. Alle hatten ihren Sekt.

»Ich trinke darauf, dass ihr alle hier seid, und dass sich meine alten Freunde und die Freunde, die ich in der Gemeinde neu gefunden habe, heute Abend endlich mal kennenlernen. Prost.«

Wir tranken. Wir tranken aus. Er fragte: »Darf ich nachschenken?«

Niemand traute sich so recht. Da ich aus einer alten Sekttrinkerfamilie stamme, wagte ich den ersten Vorstoß: »Doch, ein Schlückchen nehme ich noch, aber lass den anderen noch was.« Mein Glas wurde gefüllt, voller noch als das erste. Meine Frau ließ sich auch nicht lumpen. Die Flasche ging noch einmal durch die Runde. Ich begann, mich zu fragen, was das für ein Sekt sei.

»Ach«, meinte einer der alten Freunde, »wenn noch was da ist, nehme ich noch einen Schluck.« Die Flasche wurde immer noch nicht leer. Schon wieder hielt meine Frau das

Glas hin. »Heute kannst du mal fahren.« Ich stieß sie an, als ihr Glas sich noch mal füllte: »Du, mir wird langsam unheimlich. Meinst du, das ist ein Sektwunder? Aber ganz ohne Christus ...«

»Erstens«, raunte meine Frau, »weißt du das gar nicht, zweitens hat mindestens einer hier einen sehr starken Glauben. Davon könntest du dir noch eine Scheibe abschneiden. Magst du noch ein Glas? Ach nee, du musst ja fahren.« Frauen sind manchmal schonungslos ehrlich.

Zwei der Freunde nahmen noch je ein Glas Sekt. Der Gastgeber bot noch jedem der Gäste etwas an. Alle waren sektgesättigt. »Ach, dann gönne ich mir noch ein Gläschen«, lächelte er, goss noch einen kräftigen Schluck in sein Glas und meinte dann enttäuscht: »Och, schon leer, die Flasche, schade.«

In diesem Moment kam einer der Gäste durch die Tür – grinsend und mit zwei Flaschen Sekt unter dem Arm. »Ich wollte eigentlich noch einen Wein aus dem Keller holen, und was finde ich da? Diese zwei Flaschen. Ich habe sie wohl vorhin übersehen.«

»Tja«, meinte unser Freund voller Zuversicht. »Dann sind wohl auch diesmal zwölf Körbe Brot übrig geblieben.«

Es ist ziemlich offenkundig, dass Jesus noch keinen Sekt getrunken hat, wenngleich dieser vermutlich von Mönchen, allerdings erst Jahrhunderte später, erfunden wurde.

Wenn aber Jesus zu seinen Jüngern gesagt hat: »Ihr braucht nur fest daran zu glauben, dann könnt ihr zu diesem Berg sagen: Hebe dich! Und er hebt sich«, dann bin ich sicher: ER hat es absolut wörtlich gemeint!

Über den Autor

Dexter Nieswiodek, geboren 1960, Taufe mit 43, Sozialfachwirt, leitet ein Blindenseniorenheim und lebt mit seiner Frau und fünf Kindern im Taunus. Er schreibt seit fünfzehn Jahren Kurzgeschichten und Satire für Lesungen, Kleinkunstprogramme, Zeitung und Hörfunk, u. a. Südwestrundfunk (SWR).
Internet: www.dexter-nieswiodek.de
E-Mail: Dexter.Nieswiodek-23@web.de

Jens Buschbeck

Reise, Rucksack, Rippenbruch

Tb., 12 x 19 cm, 144 S.
Nr. 394.807,
ISBN 978-3-7751-4807-8

Stechmücke Gerda mit 1458 Verwandten.
Der Schnarchsack im Schlafsack nebenan.
Die harten Matratzen in einer mitteldeutschen Turnhalle.

Jens Buschbeck – »Buschi« unter Freunden – schildert spritzig seine originellen Abenteuer auf Jugendfreizeiten und weiteren Reisen. Komisches und Skurriles. Aber auch Ernsthaftes über Reisen, Rucksacktouren, Rippen- und sonstige Brüche!

Endlich mal wieder ein witziges Buch für Junge, Jüngere und Ältere – so richtig zum Amüsieren.
Mit flotten Illustrationen.

Bitte fragen Sie in Ihrer Buchhandlung nach diesem Buch!
Oder schreiben Sie an:
SCM Hänssler, D-71087 Holzgerlingen.